마음부자

마음
마음을 다스리는 113가지 고요한 이야기

부자

넉넉함을 아는 것은 부유하고 즐거우며 평온하다. 그런 사람은
비록 맨땅 위에 누워 있을지라도 편안하고 즐겁다.

자원 스님

온주사

자원 스님

절 수행으로 어둠을 걷어내고, 지장신앙으로 삼세의 복전을 닦게 하고, 금강신앙으로 자성의 빛을 보게 하여, 대중과 함께 하는 행복한 세상을 가꾸는 불교신앙의 대중화와 생활화를 실현하기 위하여 정진하고 있다.

직장불교운동본부 · 원효불교학당 · 우리차모임, 월영사 · 관해사 · 대성사 지도법사를 역임하였고, 지장참회도량인 금강정토사 · 현불사를 창건하였다.

저서 『절로 절로 저절로』, 『원효를 찾아서』,
시집 『달빛이 흐르고 …』, 『천상여행』,
신행요집으로 『부처님나라』 등이 있다.

마음 부자

2판 1쇄 / 2003년 2월 25일
2판 5쇄 / 2013년 6월 20일

지은이/ 자원 스님
펴낸이/ 김시열
펴낸곳/ 도서출판 운주사
서울 성북구 동소문동 4가 270번지 성심빌딩 3층
전 화/ (02) 926-8361 팩스/ 0505-115-8361

ISBN 89-85706-95-0 03810
값 10,000원

* 지은이와 협의에 의해 인지는 생략합니다.
* 잘못된 책은 바꾸어 드립니다.

들어가는 말

　　법당에 들어서는 법우들을 보면서 수행자로서 어깨가 참으로 무거워집니다. 때에 따라 불자님께서 스님이라고 저에게 지극한 정성으로 절하는 모습을 보면서 은혜의 눈물을 흘릴 때가 많습니다. 이분들의 예배 공양이 무량공덕으로 커지길 간절히 염원합니다.

　돌이켜보면 이 몸 속에는 똥, 오줌, 음식 찌꺼기 등 각종 오물이 가득 차 있는데, 다만 부처님 제자가 되었다는 것과 머리 깎고 먹물 옷 입었다는 것만으로 오체투지로 절 공양을 하는 모습이 너무나 거룩해 보입니다.

　보살의 빛은 자기 자신을 부끄러워하는 데서 생기는 것으로, 알지 못함을 부끄러워하고, 지혜와 복이 모자라는 것을 부끄러워하고, 깨끗하지 못함을 부끄러워하고, 열심히 노력하지 않음을 부끄러워하는 데서 비롯됩니다.

　능력이 부족하다는 핑계로 중생을 제도하지 못한다는 것은 있을 수 없는 보살의 허물이 되고 불명예가 됩니다. 만약 원력을 달성할 수 없다면 더욱 용맹정진하여 무한능력자가 될 수 있도록 해야 할 것입니다. 운동선수는 자신의 명예를 위하여 밤낮을 가리지 않고 연습을 합니다. 그들에게 한 번 실수는 승리의 밑거름이 되기도 합니다만 인생에서의 실수는 되돌리기 어렵습니다.

보살의 삶의 의미는 '나'가 없는 무아로서 중생을 제도하고 삶의 꼭지점을 이루게 하는 데 있습니다. 금강경에서는 '마음에 머문 바 없이 그 마음을 내라'고 하십니다.

보살의 목표는 중생 모두가 남김 없이 구원되는 것입니다. 버릴 것은 버리고 얻을 것은 얻는 것이 아니라, 버려야 할 것을 버리지 않고 다듬어서 쓰고, 얻어야 할 것을 사용처에 따라 쓰게 합니다. 참으로 뭇 생명을 남김 없이 제도하지만 나로 인해서 중생을 제도한다는 생각이 없습니다. 자신의 공을 드러내 뽐내지 않는다고나 할까요.

우리도 이와 같이 세상을 살 수 있다면 걸릴 것 하나 없이 세상의 주인공이 될 수가 있습니다. 모든 사람이 나를 위해서 땀 흘려 수고하고 계신다는 것을 가슴에 새겨야 할 것입니다.

이 책에 실린 글들은 주로 경전에서 가려 뽑은 글들에 저의 짧은 소견을 덧붙인 것들입니다. 일생을 살아가면서 삶의 지남이 되고, 삶을 향기롭게 할만한 내용들로 꾸며 보았습니다. 아무쪼록 이 책이 많은 이들의 삶의 질을 높이고, 삶을 풍부하게 하는 데 조금이나마 도움이 되었으면 하는 바램입니다.

마음 부자
차례

들어가는 말 _ 5

효도의 길 _ 12
발 씻은 물 _ 14
만족할 줄 아는 사람 _ 16
무엇에도 흔들리지 않는 사람 _ 18
불자의 삶 _ 20
법의 상속자가 되라 _ 22
도반 _ 24
절약 _ 26
선과 악 _ 28
염불 _ 30

술의 허물 _ 32
복 짓는 일 _ 34
감사하는 마음 _ 36
내가 손해보는 삶 _ 38
네가 아프니 나도 아프다 _ 40
올바른 수행 _ 42
나누는 기쁨 _ 44
관세음보살님 _ 46
살 빼는 노래 _ 48
농부가 된 부처님 _ 50
깨끗이 단장하는 마음 _ 52
현실에 충실하라 _ 54
가장 보배로운 것 _ 56
발보리심, 깨어나십시오 _ 58

우리 곁에서 미소하시는 성자_60
발걸음 하나에도 수행력이 있다_62
응병여약_64
지팡이보다 못한 불효자—66
해방자의 노래_68
살생을 경계하는 가르침_70
진흙 속에서 핀 연꽃_72
베푸는 기쁨_74
봄향기처럼_76
사랑하는 자식을 키우는 이야기_78
복된 삶을 위하여_80
사람과 사람_82
관음의 자비_84
무상의 노래_86
결정된 틀은 없다_88
관음의 눈, 돼지의 눈_90

지성한 공양_92
어려움 속의 행복_94
우상과 진리_96
이야기합시다_98
보살의 길_100
부처님의 길_102
너희가 부처다_104
네 속에 내가 있다_106
겨울은 봄을 오게 한다_108
지장보살님_110
성품에는 차별이 없다_112
어리석은 생각_114
앵무새의 효도_116
이웃의 이익을 위하여_118

모양에는 진실이 없다 _ 120
거북이와 백조 _ 122
삼륜청정 _ 124
전생을 알아서 어디에 쓸까 _ 126
물 한 방울, 밥 한 톨 _ 128
자연 _ 130
모두가 그대의 것이네 _ 132
고기를 살리고 나는 죽겠다 _ 134
믿음은 가장 큰 재산 _ 136
먼저 할 일, 나중에 할 일 _ 138
진정한 스승 _ 140
좋은 묘자리 _ 142
오늘 일은 오늘 해야 한다 _ 144
차 한 잔 합시다 _ 146
분별을 떠난 공양 _ 148

성내는 마음이 지옥이다 _ 150
상대의 좋은 점 _ 152
정치가 바로 서면 백성이 나라를 믿는다 _ 154
진정한 친 _ 156
당신의 허물도 사랑하리 _ 158
무소의 뿔처럼 혼자서 가라 _ 160
생활 속에 도가 있다 _ 162
점심 먹는 시간 _ 164
자신의 허물이 커 보일 때 _ 166
처음같이 마지막 되라 _ 168
불법은 자신을 비우는 데 있다 _ 170
사람의 귀천은 자신의 행실에 달려있다 _ 172
새끼 밴 사슴을 죽일 수 없다 _ 174
아내의 종류 _ 176
내가 닦아야 할 길 _ 178

가난이 가장 큰 부자다 _ 180
마음이 깨끗해야 아름답다 _ 182
나의 스승은 어떤 분일까 _ 184
깨달음에는 남녀의 구별이 없다 _ 186
부처님께서 이 땅에 오신 까닭은 _ 188
방탕에서 벗어나는 길 _ 190
용서와 인욕 _ 192
경전을 부모님처럼 모시어야 한다 _ 194
출가란 _ 196
승부를 겨루지 말라 _ 198
모자람 속에 기쁨이 _ 200
어머니 계심이 큰 재산 _ 202
무엇이든지 다 알 수 있는 분 _ 204
나에게 주어진 일 _ 206
헛되지 않은 삶 _ 208
과거는 지나갔고 미래는 아직 오지 아니했다 _ 210

한산과 습득 _ 212
등짐을 지고 무겁다 하네 _ 214
어느 것 하나 은혜 입지 않음이 없다 _ 216
하늘에 핀 꽃 _ 218
중생 공양 _ 220
부처님을 뵙는 자 _ 222
물처럼 바람처럼 _ 224
지혜로운 삶 _ 226
모래가 밥이 될 수 없다 _ 228
당신은 아름답습니다 _ 230
절은 병원이다 _ 232
세상만사 _ 234
아상이 있으면 여래를 볼 수 없다 _ 236
남과 여의 조화 _ 238

마음 부자

효도의 길

자식된 사람은 마땅히 다음의 다섯 가지를 가지고 부모를 존경하며 모셔야 합니다.
첫째, 의식을 받드는 데 있어서 부족함이 없어야 합니다.
둘째, 모든 하는 일을 먼저 부모에게 아뢰어야 합니다.
셋째, 부모의 하는 일에 공손히 따라 거스르지 않아야 합니다.
넷째, 부모의 바른 생활 방법을 감히 어기지 않아야 합니다.
다섯째, 부모가 하고자 하는 그 행위를 끊지 않도록 해야 합니다.

잡아함경에 나오는 이야기입니다.
옛날에 이름난 효자가 살고 있었습니다. 어느 날 임금님께서 민심을 살피기 위해 백성들이 사는 궐 밖으로 미행을 나왔습니다. 임금님은 이 기회에 다른 사람의 모범이 되고 있다고 소문이 난 효자의 집을 방문하여 그 모습을 보고 싶었습니다. 임금님께서 찾아갔을 때 마침 그 효자는 나무하러 나가서 집에 있지 아니하고 허리가 활처럼 굽어버린, 일흔이 넘은 그의 어머니가 방문객을 맞이했습니다.

얼마를 기다리자 효자가 돌아왔습니다. 그냥 길 가는 과객 정도로만 생각하고 임금님 일행을 맞은 효자 청년이 쪽마루에 나뭇짐을 내려놓고 앉아있자, 어머니는 이내 대야에 물을 받아서 아들의 발을 씻겨주기 시작했습니다.

이를 본 임금님께서는 자신이 신분을 감추고 있다는 사실도 잊어버린 채 호통을 쳤습니다.

"네 이놈, 천하의 불효 자식. 걸음도 제대로 걷지 못하는 노인에게 발을 씻게 하는 네 놈이 무슨 효자란 말이냐!"

그러자 효자는 아주 담담하게 말하였습니다.

"나는 아직 한 번도 내가 효자라고 생각해 본 적이 없습니다. 그렇다고 불효를 한다고 생각하지도 않습니다. 그저 어머니가 좋아하시고 즐거워하시는 일을 하고자 할 뿐이었습니다."

두메산골에 살고 있는 맑고 향기로운 청년의 대답에 일행은 모두 부끄러움과 경애심을 동시에 갖게 되었습니다.

무엇을 안다고 하여 거들먹거리지 않고 자신이 잘났다고 뽐내지 않는, 어머니 앞에 오직 아들로서 마음 편히 모시는 일이 진정한 효도라고 생각됩니다. 부모와 자식 사이에는 어떤 이유도, 조건도 필요치 않습니다. 절대자를 믿는 신앙처럼 그저 부모님일 뿐입니다. 그저 자식일 뿐입니다.

우리는 우리 부모님을 지금 어떻게 모시고 있는지 한번 생각해 볼 일입니다. 부모님의 마음을 헤아려 봅시다.

발 씻은 물

부처님께서 발을 씻는 대야를 인용하여 아들 라훌라를 제도하시는 내용이 있습니다.

라훌라는 출가하여 사문이 되었는데도 자신이 세존의 아들이라는, 그리고 임금의 손자라는 생각에 수행을 게을리 하고 교만에 빠져 있을 때 부처님께서 라훌라에게 말씀하셨습니다.

"대야에 물을 가져와 네 발을 씻어라."

하시고는 라훌라를 향하여 물으셨습니다.

"이 발을 씻은 물을 먹거나 이 물로 양치질을 할 수 있겠느냐?"

"다시 사용하지 못합니다. 이 물은 원래 깨끗하였으나 지금은 더러워져 있으니 다시 쓰지 못합니다."

"너 또한 이와 같다. 비록 내 아들이고 국왕의 손자였다가 세상의 부귀영화를 다 버리고 사문이 되었으나, 정진하여 몸을 거두고 계율을 지키지 아니해서 삼독의 더러움이 네 가슴에 충만해 있음이 마치 이 물과 같아서 다시 사용할 수 없느니라."

그리고 부처님께서는 또 말씀하십니다.

"대야에 음식을 담을 수 있겠느냐?"

"사용할 수 없습니다. 발을 씻은 대야라는 이름이 있기 때문입니다."

그 말을 들으신 부처님께서 대야를 발로 차 버리자,

"대야가 조금은 아깝지만 그것을 애닯게 여기지는 않습니다."

라고 라훌라가 말했습니다.

"너 또한 이와 같느니라. 몸이 죽고 정신이 떠난 뒤에 삼독에 윤회할 때 다시 태어나고 죽고 하기를 무량하게 하여도, 모든 부처님과 성현들도 아까워하지 않는 것이, 네가 말한 바와 같이 발을 씻은 그릇을 아까워하지 않음과 같느니라."

세상을, 이웃을, 남을 원망하기에 앞서 자신의 삶의 모습을 되돌아보는 시간을 가지면 좋은 아침, 밝은 마음이 될 것입니다.

만족할 줄 아는 사람

세상을 살아가면서 만족할 줄 안다는 것, 만족하며 산다는 것은 참으로 어려운 일입니다. 욕심이 많다는 것은 상대적으로 고통이 크다고 할 수 있습니다. 욕심이 적다는 것은 그만큼 구하는 바가 적기 때문에 고통이 적다고 말할 수 있습니다.
부처님께서는
"만약 모든 고뇌에서 벗어나고자 한다면 만족할 줄 알아라. 넉넉함을 아는 것은 부유하고 즐거우며 평온하다. 그런 사람은 비록 맨땅 위에 누워 있을지라도 편안하고 즐겁다. 그러나 만족할 줄 모르는 사람은 설사 천상에 있을지라도 흡족하지 않을 것이다. 만족할 줄 모르는 사람은 부유한 듯하지만 사실은 가난하고, 만족할 줄 아는 사람은 가난한 듯하지만 사실은 부유하다."
라고 유교경에서 말씀하십니다.
우리 자신의 삶의 모습이나 이웃을 볼 때, 늘 불평 불만에 고통스러운 삶을 사는 사람은 대개 만족을 모르는 데에 그 원인이 있습니다. 또 비록 가난하게 산다고 하더라도 부부가 서로 화합하고 가족이 행복하게 사는 사람은 이웃이 보기에도 아름답게 보일 것입니다. 또 삶의 여유가 있는데도 늘 모자라게 살고 인색한 삶을 사는 사람은 흉물스럽게 보일 뿐더러, 자신들도 끝없는 고통에 휩싸여 있음을 볼 수가 있습니다.

우리의 진정한 행복은 많이 있거나 부족한 데 있지 아니할 것입니다. 스스로의 모습을 잘 살펴서 자신이 진정 가야 될 길을 챙겨야 할 것입니다.

무엇에도 흔들리지 않는 사람

우리 인생에 있어서 흔들리지 않는 반석 같은 삶은 무엇일까요? 저 태산준령처럼 자신의 의지가 되는 것은 무엇일까요? 부부로서 서로 의지하고 자식을 의지하고 그 다음은 누구를 의지하여 살아가야 할까요?

부처님은 반석 같은 의지처를 이렇게 말씀하십니다.

참기 어려움을 참는 것이 진실한 참음이요, 누구나 참을 수 있는 것을 참는 것은 일상의 참음이다. 자기보다 약한 이의 허물을 기꺼이 용서하고 부귀와 영화 속에서 겸손하고 절제하라. 참을 수 없는 것을 참는 것은 수행의 덕이니, 원망은 원망으로 받아들이지 말고 성내는 사람 속에서 마음을 고요히 하며 남들이 모두 악행한다고 가담하지 말라.

강한 자 앞에서 참는 것은 두렵기 때문이요, 자기와 같은 사람 앞에서 참는 것은 싸우기 싫어서요, 자기보다 못한 사람 앞에서 참는 것은 진정한 인욕이 된다.

욕설과 헐뜯음을 못 참는 것은 어리석음이니 돌가루를 두 눈에 넣는 것과 같고, 욕설과 비방을 잘 참을 줄 아는 사람은 지혜로우니 코끼리 등 위를 화려하게 꾸밈과 같다.
 큰 바위에 폭우가 쏟아져도 부서지지 않음과 같이 비방과 칭찬, 괴로움과 즐거움을 만나도 지혜로운 사람은 흔들리지 않는다.
 사실이 그러해서 욕을 먹으면 그것이 사실이니 성낼 것 없고, 사실이 아닌데도 욕을 먹으면 욕하는 사람이 스스로 자신을 속이는 것이니, 지혜로운 사람은 어느 때나 분노하지 않는다.

　　　무엇보다 함께 사는 세상에서 자신의 마음이 굳고 단단해서 흔들리지 않는다면 이보다 큰 의지는 없을 것입니다.

불자의 삶

　　　불교를 신앙하는 신앙인으로서 어떻게 사는 것이 가장 올바른 삶이 될까요?
　부처님께서 기원정사에 계실 때 울사가라는 바라문이 부처님을 뵙고 물었습니다.
　"불자가 세상을 살아가면서 어떻게 해야 편안하고 복되게 살아갈 수가 있습니까?"
　이 때 부처님께서는 이렇게 말씀하셨습니다.
　"농사를 짓거나 장사를 하거나 공무원으로 일하거나 예술을 하거나 자신이 맡은 직업에 최선을 다해 스스로 생활을 복되게 이끌어가야 한다.
　두 번째는 자신의 재산을 잘 보호하고 땀흘려 수고한 노력의 대가로써 복을 얻을 것이며, 또한 그 재산을 도적에게 빼앗기지 말고 또 물에 떠내려 보내거나 불에 태우는 등 갖가지 재앙으로부터 잘 지키고 보호해야 한다.
　세 번째는 착한 친구와 사귀어야 한다. 윤리에 어긋나지 않고 방탕하지 않으며 허망하지 않고 음흉하지 않은 사람과 사귀어서 걱정과 괴로움이 생기지 않도록 해야 한다.

네 번째는 바른 생활을 꾸려나가야 한다. 재산을 관리할 때는 수입을 많이, 지출을 적게 해야 한다. 흡사 저울눈의 균형처럼 더하고 빼는 것을 반듯하게 해야 한다. 또 재물이 없는데도 마구 뿌려 쓴다면 꽃은 화려하나 씨앗이 없는 것과 같고, 재물이 풍부하면서도 그것을 쓰지 않는 것은 어리석은 사람이니, 굶어 죽는 개와 같다고 많은 사람들은 말할 것이다."

　　재물의 가치는 재물을 모으는 데 있지 않고 복되게 쓰는 데 있을 것입니다. 재산을 나누어 가질 줄 모르는 사람은 굶어 죽는 개와 같다는 부처님의 가르침은 우리에게 어떤 삶의 기준을 말씀하시고 계실까요?

법의 상속자가 되라

"태어난 계급에 따라서 천한 사람은 아니다. 태어난 계급에 따라서 바라문이 아니다. 행위에 따라서 천한 사람이 되고, 행위에 따라서 바라문이 되기도 한다. 비구들아, 너희들은 내 법의 상속자가 되어야 한다. 재물의 상속자가 되어서는 안 된다. 너희들이 재물의 상속자가 되고 법의 상속자가 되지 않았기 때문에, 재물의 상속자이지 법의 상속자는 아니라는 지적을 받게 된 것이다. 비구들아, 나는 나의 제자들이 재물의 상속자가 되지 말고 법의 상속자가 되기를 바란다."

사람이 사람일 수 있는 것은 정신을 쓰고 정신의 자제력을 가지고 인격을 연마하기 때문이라고 하겠습니다. 사람에게 주어진 각자의 본분이 무엇인지 스스로 판단하고 올바르게 살아가는 삶이 행복을 가져다 줄 것입니다.

일찍이 원효스님께서는 '백년 동안 모은 재산은 하루 아침의 티끌 같다.'고 하셨습니다. 굳이 요즘 시대를 두고 한 말씀은 아니겠습니다만, 우리가 살고 있는 이 시대를 어쩌면 부처님이 꿰뚫어 보고 계신 것이 아닌가 하는 생각도 듭니다. 정말 우리가 생각해야 될 과제라고 생각합니다.

생명이 생명으로 이어질 수 있도록 해야 합니다. 우리의 생명은 하나밖에 없습니다. 삼일 닦은 마음은 천 년의 보배라고 합니다. 진정 우리가 몸과 마음을 바쳐 쏟아야 할 힘은 하나밖에 없는 생명을 가꾸고 지키는 데 있습니다. 우리가 과연 삶의 가치를, 인생의 목표를 어디다 두고 살아가야 할까요.

도반

부처님께서는 다섯 가지 무서운 죄악을 말씀하시면서 그 다섯 번째로 화합을 깨뜨리는 죄가 가장 무서운, 용서받지 못할 죄업이라 하셨습니다. 삼보 중에서도 승가를 다른 말로 화합중으로 풀어씁니다. 서로 위하고 아끼며 또 존중하고 산다는 것이 얼마만큼 어렵고 힘이 드는 것인가를 얘기하는 것이라 볼 수도 있겠습니다.

육하경에서는 이렇게 말씀하고 계십니다.

"내 몸 낮추고 남의 인격 존중하며 서로 주고받는 말이 진실해야 한다. 내 생각을 적게 하고 남의 뜻을 존중하라. 바른 진리에 의지해서 함께 공부하고 계율을 근본으로 해서 공동체를 형성하라. 높고 낮은 차별을 두지 아니하고 더불어 살아야 한다."

사람의 이 땅에 살고 있는 우리에게 어느 것 하나 남의 도움과 은혜가 없이는 되는 일이 없습니다. 모든 일들이 세상에 상대해서 형성되어 있어서, 혼자만의 낭만이라는 것이 얼마나 못나고 어리석은 생각인지 금방 알게 될 것입니다.

어느 날 부처님을 위시해서 수많은 대중들이 길을 가는데, 도중에 부처님께서 이런 질문을 하셨습니다.

"너희들은 도반을 어떻게 생각하느냐?"
그 때 아난존자가
"예, 도반은 저의 반을 얻은 것과 같습니다."
라며 부처님으로부터 칭찬을 받을 줄 알고 자신 있게 수행에서 얻은 깨달음을 세존께 말씀드렸습니다. 그런데 부처님께서는
"아니다, 아난이여. 도반은 나의 모든 것이며, 도반이 없는 나는 존재할 수 없는 것이다. 세존인 나도 너희가 있으므로 여기에 존재해 있고, 너희 또한 내가 있으므로 바른 길로 가게 되는 것이다. 그리하여 도반은 나의 모든 것이다."
라고 하셨습니다.

아무리 멀리 있는 사람도 가깝게 느껴질 수 있고 가까이 있는 사람도 때에 따라서는 멀리 느껴질 수 있을 것입니다. 우리의 생명의 젖줄을 생각해 볼 때 바로 함께 사는 삶 속에서, 이 대중 속에서 내 생명을 찾아야 할 것입니다.

절약

　　사람이 너무 가난하면 가난을 알 수 없고, 가진 것이 너무 많을진대 그 많음을 모를 뿐만 아니라 그것이 얼마나 귀하고 소중한지를 모릅니다.
　일본 사람이 한국을 방문하고 참으로 놀랐다고 합니다. 분명 세계에서 제일 잘 사는 선진국이 아닌데도 제일 잘 살고 있는 것 같고, 또 모자라는 것이 많은 것 같은데도 모든 것이 풍족해서 버리는 것이 너무 많아 당황했다고 합니다.
　한평생을 살아가는 동안 좋은 일도 많이 하지만 잘못된 죄업을 태산처럼 많이 짓고 사는 사람도 많아 보입니다.
　부처님 당시에 우전난이란 임금이 어느 날 아난존자에게 오백 벌의 가사를 시주하면서 물었다.
　"존자여, 이 오백 벌의 가사를 한꺼번에 받아서 어떻게 하실 겁니까?"
　"대왕이시여, 같은 믿음을 가진 도반들에게 나누어줄 것입니다."
　"그럼 존자여! 만약 사용하고 입다가 못쓰게 되면 어떻게 합니까?"

"예, 대왕이시여. 쓰다가 그것이 헐고 낡게 되면 보자기로 만들어 씁니다."

"그 많은 보자기를 못쓰게 되면 어떻게 합니까?"

"예, 베개 주머니를 만들어 씁니다."

"그럼 그 많은 베개 주머니를 못쓰게 되면 어떻게 합니까?"

"예, 방석을 만들어 씁니다."

"존자여, 그 많은 방석을 못쓰게 되면 또 어떻게 합니까?"

"발 씻는 마른 걸레로 만들어 씁니다."

"그 많은 마른 걸레를 못쓰게 되면 또 어떻게 합니까?"

"예, 우리들은 그 헌 걸레를 잘게 잘게 썰어서 진흙에 넣어서 집을 수리할 때 벽을 바르는 데 사용합니다.

대왕이시여, 모든 물건은 나의 것이 아닙니다. 잠시 내가 접한 물건인 까닭에 우리는 가치 있게 쓰지 않으면 안 됩니다."

육방이라는 경전에 나오는 얘기입니다. 절약이란 우리 생활에서 가장 넉넉한 생활을 예비하는 우리 삶의 방식이 될 것입니다.

선과 악

　　어느 날 부자인 어떤 사람이 절세 미인을 만났습니다. 이름을 물었더니 공덕천녀라 하며, 자신은 재물을 불리는 역할을 한다고 대답했습니다. 그 장자는 껑충껑충 뛰면서 그 여인을 맞이하였습니다. 그런데 또 뒤에 한 여성을 만나게 됩니다. 그녀는 얼굴이 추하고 때 투성이였습니다. 그 이름을 물었더니 흑암천녀라고 하고, 자기는 재물을 소멸시키는 역할을 한다고 대답하였습니다. 그 장자는 펄쩍 뛰면서 칼을 뽑아들고 위협을 했습니다.

　　"꺼져라, 그렇지 않으면 죽이겠다."

　　그러나 그 여성의 대답은 당당했습니다.

　　"당신은 참 어리석군요. 앞서 당신 집안으로 맞이해 간 그 여자는 내 친언니입니다. 그리고 나는 그 언니와 같이 있게 되어 있습니다. 만약 나를 쫓아버리고자 하면 우리 언니도 같이 쫓아야 합니다."

　　그 부자는 할 수 없이 집으로 들어가 공덕천녀에게 물었습니다.

　　"밖에 웬 여자가 있는데 그대 동생이 확실한가?"

　　"예! 그렇습니다. 내 동생입니다. 나는 동생과 언제나 같이 있게 되어 있으며 떨어져서는 살 수가 없습니다. 만약 당신이 나를 사랑한다면 내 동생도 사랑해야 합니다."

이렇게 부처님께서는 우리들에게 선과 악의 옳고 그름을 밝히는 가르침을 주시고 계십니다. 사람들은 늘 좋은 것만 취하려 합니다. 재화는 위복이라 했습니다. 재앙이 있을진대 또 다른 복을 부르는 일이 준비된다고 할 수 있겠습니다. 겨울이 있다는 것은 봄이 온다는 것을 얘기합니다. 우리가 태어났다는 것은 늙음을 예비하고 죽음을 예비해야 한다는 것입니다. 우리에게 죽음이 온다는 것은 또 다른 생명으로 태어나는 것이라고 얘기할 수가 있겠습니다. 한 어머니의 산고라는 엄청난 고통 뒤에 새 생명이 탄생됩니다.

우리는 성공이냐 실패냐를 따지고 살려 하지 말고, 어떻게 하면 행복하게 살 수 있는가를 살펴야 합니다. 대부분 행복에 대한 욕심은 가득한데 그 행복을 가꾸는 마음들은, 또 그 행복을 가꾸는 노력은 늘 모자랍니다.

과연 우리가 행복의 버팀목이 되고 있는지, 참 삶의 길이 무엇인지, 또 보살은 진정 우리에게 어떤 모습으로 왔었는지 생각해야 합니다. 우리는 보살을 따르는 불제자들입니다. 보살은 늘 고통세계를 버리지 않았습니다. 우리도 스스로 고통을 감당할 때 참다운 행복을 구할 수가 있습니다.

염불

　　　　어느 겨울날이었습니다. 노스님의 추천으로 춘원 이광수의 『원효대사』를 읽게 되었습니다.
　인생의 방황과 갈등 속에서 태산같은 고민을 부둥켜안고 있을 때라 정말이지 원효대사는 저의 삶의 희망이자 목표가 되고도 남았습니다. 원효야말로 생명 가진 모든 이들의 거울이요, 삶의 지남이 되어야 된다고 믿게 되었으며 또 신앙으로 자리잡게 되었습니다.
　불교에 입문한 지 얼마 안 되는 시절이고 보니 번민은 감당할 수 없는 고통이 되었습니다. 그 원효대사 속에 나오는 염불, 늘 우리가 지장보살, 관세음보살, 나무아미타불하는 염불기도에 대해서 저 나름대로 이러한 얻음이 있었습니다.
　'부처님을 간절히 부르고 생각하면 부처님과 내가 하나된다.'
　원효스님은 너구리의 생명을 살리기 위하여 '나무아미타불 나무아미타불' 하며 자신의 정성을 총 동원해서 염불을 합니다. 그 때 대안이라는 거지 중이 말하길,
　"여보시오, 천하의 원효대사의 염불소리가 어찌 이토록 생명이 없단 말이요. 염불은 뭇 생명을 살리는 것이요. 너구리에게 하

는 염불이란 이렇게 젖을 먹이는 것이오."
라고 의미심장한 말씀을 합니다.

자신과 세상을 이롭게 하는 염불, 부처님께서 남기신 마지막 말씀이라는 유교경에서 이렇게 전하고 있습니다.

"너희 수행자들아, 슬퍼하고 괴로워하지 말라. 만약 내가 이 세상에 한 겁을 머물러 있더라도 만남이 있을진대 반드시 헤어짐이 있을 것이다. 이 세상에 만나서 헤어지지 않는 것은 없느니라. 내가 자신을 이롭게 하고 남을 이롭게 하는 법을 모두 설해 놓았으니 내가 오래 머물더라도 더 이상의 이익이 될 것은 없느니라. 오늘 이후로 나의 제자들이 더욱 더 법을 실천한다면 여래의 법신을 가까이서 볼 수 있을 것이며 영원히 없어지지 아니할 것이다. 세상은 무상하고 만나면 반드시 헤어지는 것이니, 근심 걱정하지 말라. 세상 모습이 이와 같나니 부지런히 노력하여 어서 빨리 해탈을 얻도록 하라. 지혜의 빛으로 어리석음의 어둠을 없애도록 하라."

부처님께서 우리에게 주신 가르침은 우리의 생명을 지탱하는 생명수와 같습니다. 이를 일러서 감로수라 합니다. 우리의 모든 기도는 우리의 모든 생활을, 우리의 생명을 살리는 데 있다고 보입니다.

술의 허물

많은 사람들이 건강을 생각합니다. 때에 따라서는 약도 지어 먹고, 미리미리 병원을 가서 종합진단을 받기도 합니다. 그러니 자연히 술을 드시는 분은 술을 끊기도 하고 또 건강에 좋지 않은 것은 먹지 않기도 합니다. 그런데도 많은 사람들은 술을 좋아하고 그리고 어떤 사람들은 술을 마시지 않으면 인생의 즐거움이 없다고들 합니다.

부처님께서는 술에 대해서 어떤 말씀을 하고 계시는지 한번 살펴보겠습니다. 부처님께서는 술을 마시게 될 때 36가지 허물이 생기게 된다고 하셨습니다.

"재물이 흩어지고, 병이 많이 생기고, 싸움이 일어나고, 죽이고 싶은 마음도 일어나고, 성냄이 늘어나고, 뜻대로 되는 일이 적어지며, 지혜가 없어지고, 복덕이 늘지 않고, 복덕이 차츰 줄어들고, 비밀이 늘어나고, 사업이 이루어지지 않고, 근심 걱정이 늘고, 모든 감각이 둔해지고, 부모를 욕되게 하고, 사문을 공경치 않고, 바라문을 공경치 아니하고, 또 부처님을 존경치 않으며, 승가의 법을 공경치 아니하고, 나쁜 친구와 가까이 하고 착한 벗은 멀리 떠나고, 음식을 버리게 되며, 또 속살을 감추지 못하고, 음

욕심이 발동을 하고, 여러 사람이 좋아하지 않으며, 실없는 말이 늘고, 부모가 근심하고 권속들이 싫어하고, 잘못된 법을 따르고 바른 법을 멀리하고, 어진 이를 공경치 아니하고, 잘못을 범하고, 열반을 여의고, 미친 짓이 늘고 몸과 마음이 어지럽고, 나쁜 곳에서 방황하게 되며, 목숨이 다한 뒤에는 지옥에 떨어진다."

    이렇게 술을 마시면 악업이 있다고 부처님께서는 설하고 계십니다. 때에 따라서는 술이 음식이 되기도 합니다만 술이 우리의 몸과 마음을 흐리게 하고 패망의 늪을 만들게 할 때가 더 많습니다. 우리 옛말에도 술한테 이기는 장사가 없다고 하지요. 사람과 사람 사이에 꼭 술이 있어야 할까요? 술이 없을 때 조금은 서먹서먹하고 어색할 지도 모르지만 인간의 깊은 신뢰는 더욱 높아질 것입니다.
 맑고 향기로운 세상의 주인이 됩시다.

복 짓는 일

우리나라도 벌써 차량 보유 대수가 천만 대 시대라고 합니다. 그 비율을 보면 집집마다 차 한 대가 있는 꼴이 됩니다. 그러다 보니 자연히 차량 속에서 시간을 보내는 때가 많아지고 있습니다. 영상 매체에 밀려서 전파를 타고 흐르는 라디오가 뒷전으로 밀린 듯 했습니다. 그런데 얼마 전 거사님 한 분이 '요즘은 라디오 방송의 질이 많이 향상되고 국민들의 정신 건강을 지키는 큰 역할을 한다.'고 하시는 말을 들었습니다. 또 사람들은 불교방송이 생겨서 좋다고들 하고 또 불교방송의 역할이 부처님 법을 전하는 포교사라고들 합니다만 저는 우리 불교인들이 못나서 이러고 있다고 생각합니다.

태국이나 미얀마, 또는 가까운 일본 같은 나라는 불교가 국교로 되어 있거나 또 국교처럼 자리잡고 있습니다. 전 국민의 90% 정도가 불교를 신봉하고 있으니 따로 불교라는 이름의 방송매체가 필요 없습니다. 국영이든 민영이든 모든 방송매체가 불교 의식의 바탕 위에서 방송되고 있습니다. 그러하니 모두가 불교방송이 됩니다. 우리나라도 불교가 이 나라의 분열된 국민 정신을 모아갈 수 있는 근원지가 될 수 있도록 노력해야 할 것입니다.

부처님의 10대 제자 중 한 분이자 눈이 먼 아나율존자께서 평상시와 같이 누더기를 꿰매면서 문득 이렇게 중얼거렸습니다.
"도를 이루신 나의 아라한께서 나의 바늘을 좀 꿰어 줬으면 좋겠다. 누가 나에게 바늘을 꿰어 줬으면 좋겠다."
지나가던 부처님께서 그 말씀을 들으시고
"바늘을 가져오너라. 내가 꿰어 주리라."
아나율존자께서는 황송하여 사뢰었습니다.
"제가 지금 한 말은 이 세상에서 복을 구하는 이가 있거든 저의 바늘을 꿰어 주기를 바란다는 뜻이었습니다."
그 때 부처님께서는 말씀하셨습니다.
"이 세상에서 복을 구하는 사람 가운데 나보다 더 부지런한 사람은 없느니라."

아함경에 나오는 내용입니다. 복덕이 구족한 사람이 많아야 세상이 넉넉해집니다. 많은 사람에게 이익을 주기 위해서라도 자신의 복을 많이 닦아야 한다고 생각합니다. 자신의 복이 모자라는데 어찌 남의 윗자리에 있을 수 있겠습니까? 도리어 남을 고통스럽게 하고 때에 따라서는 돌이킬 수 없는 죄를 짓기도 합니다. 과연 우리는 얼마만큼 많은 복을 짓고 살고 있을까요? 참다운 복을 짓는 길이 무엇인지 생각해 봅니다.

감사하는 마음

만남은 우연이 아니라고 하지요. 그렇습니다. 만남은 필연입니다. 착한 인연을 심으면 착한 인연을 만나고, 악한 인연을 심으면 악한 인연을 만난다고 했습니다.

여러 가지 만남 중에서 부처님을 뵈옵고 또 가르침을 배우고 따를 수 있는 인연, 다른 어떤 만남보다도 소중하고 멋스러운 만남이 아닐까요! 좋은 것은 더욱 좋게 해서 깨달음의 세계로 나아가고, 나쁜 인연은 고쳐서 함께 나아갈 수 있게 하는 것이 불자의 수행생활이라고 믿습니다.

늘 쓰고 버리는 생활용품들 중에는 태워서 없애야 할 것도 있고, 다시 재활용할 수 있는 것도 있습니다. 잘못되었다고 해서 무조건 버리는 것은 부처님의 자비사상과도 거리가 있다고 생각합니다.

보살은 한 중생을 제도하기 위하여 천만 생을 중생으로 오신다고 합니다. 부처님의 짧은 싯귀로 되어 있는 법구경의 말씀에 이런 구절이 있습니다.

"미운 사람은 만나서 괴롭고 좋은 사람은 못 만나서 괴롭다. 그리하여 미운 사람도 만들지 말고, 좋은 사람도 만들지 말라."

좋은 사람을 못 만나서 괴로운 데다가 미운 사람을 상대로 살아가려니 마음이 훨씬 괴롭게 느껴질 때가 있습니다. 생각을 바꾸어 봅시다. 내 자신이 남으로부터 미움을 받고 있다고. 우리들 자신이 세상으로부터 버림을 받고 있다고 생각할 때 우리의 큰 사랑은 무엇일까요?

"늘 감사합니다. 그대는 보살입니다."

이렇게 불러봅니다. 저 상불경보살처럼 말입니다.

"내가 여기에 존재해 있는 것은 당신으로 말미암아 존재해 있습니다."

늘 이렇게 우리의 모든 즐거움과 행복을 상대의 존재로부터 찾으려 할 때 우리는 공존공생의 참 삶을 이어갈 수가 있을 것입니다.

내가 손해보는 삶

　　불교를 많이 알아도 불교를 모르고 사는 사람이 있고 불교를 모르면서도 불교를 잘 아는 사람이 있습니다. 천 마디의 말보다는 한 번의 실천이 중요합니다. 물론 실천이라는 것도 마음이 움직이지 않으면 어려운 것이고 또 그 마음을 낼 수 있는 것도 그 법을 알아야 합니다. 아무리 좋은 차가 있어도 운행하는 법을 모르면 쓸모가 없습니다. 세상의 모든 가치의 기준은 그 용도에 있다고 해도 될 것입니다. 그것이 물질적이든 사람의 행업이든 모든 이치가 그러할 것입니다. 가치 기준이 상실될 때 세상은 어지럽고 많은 사람들이 그 고통을 감내해야만 될 것입니다.
　저희도 차량을 몰고 다닐 때가 있습니다. 어느 날 시내의 많은 차량이 주행하고 있는 사거리에서 차를 세워둔 채 서로가 시비를 가린다고 버티고 있는 모습을 보면서 많은 것을 생각하게 되었습니다.
　부처님께서는 알고 짓는 죄보다도 모르고 짓는 죄가 더 크다고 하셨습니다. 남을 불편하게 한 죄업, 눈만 뜨면 죄를 지으니, 자욱자욱 죄 아님이 없다고 할 수가 있겠습니다
　보왕삼매론에 '억울함을 당해서 밝히려고 하지 말라. 억울함

을 밝히면 원망하는 마음을 돕게 되나니 그래서 부처님께서 말씀하시되, 억울함을 당하는 것으로 수행하는 문을 삼으라.'고 하셨습니다. 우리의 삶의 질을 높이기 위해서, 사물을 있는 그대로 보는 연습을 해야 할 것입니다. 내가 손해보는 마음을 연습하고 내가 잘못했음을 참회하는 생각이 자신의 생활을 멋스럽게 장식할 수 있습니다.

네가 아프니 나도 아프다

　　　　때에 따라서는 "어~휴"하는 한숨소리가 기분 전환에 도움이 될 때도 있을 것입니다. 몸도 마음도 귀찮아지는 것을 우리는 피곤하다고 표현합니다. 이보다도 더 심하게 되면 몸살이 났다고 약을 사다 먹곤 합니다. 더 심하게 되면 병원을 찾게 되고 진찰을 해보게 됩니다. 누군가는 혼자 살만한 세상인데도 가족의 공동체를 구성해야 하는 것은 병이 났을 때 감당하기 힘든 고통 때문이라고도 합니다.
　부처님의 말씀 중 유마경에서 문수보살이 부처님의 뜻을 받들어 병 문안하는 장면을 보겠습니다.

　문수보살께서 유마거사에게 말하기를
　"거사여, 당신의 병은 참을 만합니까? 차도는 어떠하신지요? 세존께서 은근하게 물으시며 한없이 걱정하십니다. 거사여, 당신은 병이 왜 생겼으며 또 얼마나 되었는지요? 또 언제쯤이면 그 병이 나을 수 있겠습니까?"
　유마거사가 답하기를
　"저의 병은 어리석음을 좇아 애착에서 생겼습니다. 뭇 중생들이 병들었기 때문에 나의 병이 생기게 되었습니다. 그러므로 일체중생이 병이 다 낫게 되면 곧 나의 병도 낫게 됩니다. 그 연유를 말씀하자면, 보살들은 중생들을 위하기 때문에 생사에 들어가고, 생사가 있으니 병이 있습니다. 만일 중생들이 병고를 벗어나게 되면 보살의 병도 없어질 것입니다. 비유하자면, 어떤 사람에게 외아들이 있는데 그 아들이 병이 들면 부모도 병이 들게 됩니다. 그러니 만일 그 아들의 병이 나으면 그 부모도 병이 낫게 되어 있습니다. 보살도 이와 같아서 모든 중생들을 아들과 같이 사랑합니다. 그러니 중생이 병들면 곧 보살도 병들게 되고, 중생의 병이 나으면 보살의 병도 나을 것입니다. 나의 병이 무엇으로 생겼느냐고 물으셨는데, 나의 병은 보살의 큰 자비심 때문에 생겼습니다."

보살은 고통받고 서러움에 몸부림치는 우리 중생들 곁에 함께하고 계십니다. 우리는 또한 부처님의 은혜 속에 살고 있습니다.
"너희가 병들어 나도 병들어 있노라."
이웃이 병들면 우리 집도 병들게 되어 있습니다. 보살이 병들어 있는 것은 중생의 고통이 있기 때문이라 했습니다. 우리가 부처님을 은혜롭게 따르고 그 가르침 속에 살 수 있는 길은 불보살님을 기쁘게 하는 일입니다. 우리 모두가 건강하게 사는 일입니다.

올바른 수행

　　불자가 되어서 법회에 참석함은 가장 중요한 의무 중 하나라고 생각합니다. 우리는 공부하는 학도이자 수행자입니다. 평생을 부처님의 가르침에 따라 정진하고 공양하고 불사를 지으며 살아갑니다.

　수행은 스님이나 법사의 전유물이 될 수가 없습니다. 생명 가진 모든 이들이 감당해야 될 가장 근원적인 삶의 뿌리가 됩니다. 수행은 어느 누구라도 대신할 수가 없습니다. 오직 자신의 정진력에 의해서만 깨달음의 경지에 이를 수가 있습니다.

　어떤 수행자가 밤중에 가섭불이 유교경을 읽는 소리를 듣고 그 염불소리가 너무나 애절해서, '이렇게 내가 깨닫지 못할 바에는 출가를 하지 말 것을' 하고 후회하면서 집으로 돌아가고픈 마음이 일어났습니다. 그때 부처님께서 물었습니다.

"예전에 너희는 거문고 타기를 좋아했다. 그때 거문고 줄이 너무 느슨하면 어떻더냐?"

"그래서는 소리가 나지 않습니다."

"그렇다면 줄이 너무 팽팽하면 어떻더냐?"

"예, 소리가 끊어지고 맙니다. 줄이 팽팽하지도 느슨하지도 않아 알맞을 때 소리가 잘 납니다."

부처님께서 말씀하셨습니다.

"출가 사문이 도를 수행하는 경우도 마찬가지다. 마음 씀이 적당하면 도를 이룰 수 있고, 도를 구함에 너무 다급하면 몸이 지칠 것이고, 몸이 지칠 때는 괴롭느니라. 마음이 괴로우면 수행이 뒷걸음질치게 되고, 그리하여 수행을 감당하지 못하면 죄업만 더해 갈 것이다. 오직 마음과 몸이 청정하고 안락해야만 도를 이룰 수 있느니라."

적당한 수행! 참으로 어려운 얘기일 수도 있겠습니다만, 우리가 하려고 마음을 냈을 때는 해 볼 만한 일이 되고, 또 즐거운 일이 되기도 할 것입니다.

나누는 기쁨

우리가 살고 있는 이 땅에는 문명의 혜택을 누리고 있는 많은 사람들이 살고 있습니다. 또 그 중에는 글을 모르는 사람도 전혀 없는 것은 아니겠지요.

우리가 지금같이 이만큼 살기 전에는 불법을 배우고 싶어도 한문 공부를 많이 못한 사람들은 부처님의 가르침을 배울 수 없었습니다. 그런데 지금은 얼마든지 불경을 구해서 볼 수도 있고, 또 공부에 뜻이 있으면 가까운 사찰에서 교리강좌를 들을 수도 있고, 또 법사님의 설법도 들으면서 수행정진할 수가 있습니다. 그런데 예전에 부처님 가르침을 학문적으로 이해하지 못한 사람들의 신행생활보다 오히려 불법을 안다는 사람들에게서 신앙의 순수성이 결여되어 있는 모습들이 많이 보이고 있습니다. 우리가 공양을 올리고 보시하는 것이 잘못된 신앙인 것처럼 생각하는 사람들도 간혹 있습니다.

밀린다 왕문경에서 공양에 대해 이렇게 말씀하고 계십니다. 밀린다 왕문경은 흔히 동서양의 대화로 불리우는데, 서양을 대표한 밀린다왕이 동양을 대표한 나가세나존자에게 이렇게 물었습니다.

"존자여, 만일 부처님께 공양을 올리려면 부처님은 영원히 지금도 살아계셔야 합니다. 그런데 부처님께서는 입멸해서 계시지 않으므로 그에게 공양을 올리는 것은 무의미한 일이 될 것입니다. 이 문제에 대해서 설명을 해 주십시오."

그 때 나가세나존자는 이렇게 대답하셨습니다.

"대왕이시여, 부처님은 분명 입멸하셨습니다. 그리고 아무 공양도 받지 않으십니다. 그러나 타오르는 저 불꽃이 사라져 버렸을 때 이 세상에는 불이 아주 없어진 것일까요? 아니오, 그렇지가 않습니다. 불은 소멸되지만 사람은 마른 나무를 비빈다든지 부싯돌을 부딪쳐 불을 일으켜 그것을 마음대로 쓸 수가 있습니다.

이와 같이 불이 필요하면 불을 일으켜 사용하듯이, 우리가 부처님전에 공양함이란 부처님의 뛰어난 경지와 가르침을 본받아 그것을 실천하자는 데 의미가 있습니다. 그래서 우리가 꽃과 과일과 향으로 이렇게 공양을 올리는 것은 우리의 수행생활 가운데 부처님의 한이 없는 큰 가르침의 은혜 속으로 달려가는 수행의 한 방편인 것입니다. 그래서 우리가 하는 모든 것은 불사요, 공양이라 할 수 있습니다."

관세음보살님

　　　　　모든 고통 중생들을 자비로써 구원해 주시는 관세음보살님.
　법화경 관세음보살 보문품에서는 이렇게 말씀하십니다.
　"너희는 잘 들어라. 관음의 행이 곳곳에서 알맞게 응하느니라. 넓은 서원이 바다같이 깊어서 헤아릴 수 없이 많은 세월에 걸쳐 천억의 부처님을 모시고 청정한 대원을 세우고 관세음보살님의 이름을 듣거나 몸을 보거나 마음으로 생각하여 헛되이 보내지 않는다면 능히 모든 고통을 면하리라.
　가령 어떤 사람이 해치고자 할 때, 또 큰 불덩이에 밀려 떨어진다 해도 관세음보살님을 염하는 그 힘으로 불구덩이가 변하여 연못이 되며, 혹은 큰 바다에 표류하여 용이나 물고기나 귀신들을 만난다 하더라도 관세음보살님을 염하는 그 힘으로 파도가 능히 삼키지 못하며, 혹은 원한을 품고 도적떼들이 몰려와 무기를 들고 해치려 할지라도 관세음보살님을 염하는 힘으로 그 무기가 모두 자비스러운 마음을 일으키며, 혹은 잘못되어 옥에 갇혀 감옥에서 손발이 묶인다 하더라도 관세음보살님을 염하는 그 힘으로 두 손이 시원스럽게 풀림을 받을 것이며, 모진 독사와 짐승과 귀신 등을 만난다 하더라도 관세음보살님을 염하는 그 힘으로 감히 해치지 못하고 스스로 사라질 것이다. 구름과 천둥이, 또 번개가 친다 하더라도 또 우박과 큰 비가 퍼붓는다 하더라도 관세음보살님을 염하는 그 힘으로 다치지 아니하고 흩어지리니, 뭇 중생들이 곤란과 액난을 당하여서 한없는 고통이 몸에 다가온다 하더라도 신비한 관세음보살님의 지혜의 힘으로 능히 세상의 고통을 구하느니라."

중생을 불쌍히 여기사 미래의 세상에 성불하시고 일체 고난과 두려움과 슬픔을 없애는 관세음보살님께 귀명하는 자, 참으로 현세의 고통 세상을 벗어나서 복락의 땅에 이르게 된다고 하고 있습니다. 관세음보살님을 한 번 부르고 한 번 염하는 그 공덕이 무량복전으로 변화될 수 있는 전지전능의 관세음보살님, 그 관세음보살님의 대자비 위신력을 생각해 보았습니다.

살 빼는 노래

　요즘 먹을 것이 너무 많아서 어떤 것을 골라야 할지 몰라 고민이 되고, 또 어떤 사람들은 몸이 너무 비만해서 고통을 받기도 합니다. 참으로 음식을 절제하는 것만큼 어려운 일도 없을 것입니다. 우리의 생명을 지키는 것도 음식이지만 또 그 음식으로 말미암아 질병이 일어나기도 하는 것입니다.
　아함경에서 천식경이란 경전을 보게 되면, 고살랑국의 파세라디왕이 살이 너무 많이 쪄서 숨을 몰아쉬고 거동이 몹시 불편할 정도가 되었습니다. 나라의 임금이고 보니 먹고 싶은 음식, 또 맛나는 음식을 마음대로 먹게 되고 결국 임금의 체신에 흠이 생기게 되었습니다. 부처님은 노래를 지어서 파세라디왕을 이렇게 제도했습니다.
　"사람은 스스로 헤아려 양을 알고 음식을 들어야 하네. 그래야 괴로움도 적고 늙기도 천천히 하며, 오래 살 수 있느니라."
　그 때 우타라디라는 소년이 왕의 시중을 들기 위해 뒤에 서 있었습니다. 왕이 그 시종에게 말하기를
　"우타라디야, 너는 방금 세존께서 불러주신 노래를 외워, 내가 밥을 먹을 때 부르도록 하라. 그러면 내가 매일 백 전 씩 너에게

주도록 하겠다."

　대왕의 분부대로 소년은 매일 왕이 밥을 먹을 때마다 부처님이 지으신 노래를 불러 주었습니다. 왕은 그 노래를 듣고 음식을 먹는 양이 차츰 줄어들었습니다. 그러자 비대했던 몸도 날씬해지고 건강도 회복되었으며 용모도 단정하게 되었습니다. 그러던 어느 날 왕은 자신의 손으로 제 몸을 어루만지며 부처님이 계신 쪽을 향해 절을 하고 세 번 말했습니다.

　"참으로 세존께서는 두 가지 이익으로써 나에게 은혜를 베풀어 주셨다. 나는 세존의 가르침으로 현재의 이익과 미래의 이익을 얻을 수 있게 되었다."

　　　　부처님의 가르침, 참으로 일상적이면서도 우리 삶의 바탕이 된다고 생각됩니다. 우리가 현세에 필요로 하는 은혜의 가르침을 주시고 계십니다.

농부가 된 부처님

밭 갈고 농사 짓는 삶이란 참으로 소중한 것입니다.
어느 날 부처님께서 탁발을 나가셨다가 어떤 바라문의 집에서 걸식을 하게 되었습니다. 그 때 바라문이 못마땅한 어투로 말하였다.

"사문이여, 나는 밭을 갈고 씨를 뿌려 먹을 것을 얻고 있다. 당신도 스스로 밭을 갈고 씨를 뿌려 먹을 것을 얻는 것이 어떠한가?"

이 바라문은 부처님께서 얻어먹는 그런 모습이 못마땅한 생각이 들었나 봅니다. 꽤 날카롭고 비난 섞인 질문을 받고 부처님께서는 다음과 같이 말씀하셨다.

"바라문이여, 나도 밭을 갈고 씨를 뿌려 먹을 것을 얻고 있다."
이 대답을 들은 그 바라문은 다시 말하였다.

"사문이여, 우리들은 당신들이 밭을 갈고 씨를 뿌리는 것을 보지 못했다. 대체 당신들이 밭을 간다는 뜻은 무슨 의미인가?"
그 때 부처님께서는 이렇게 노래하셨습니다.

"믿음은 내가 뿌리는 씨앗이고, 지혜는 내가 일하는 호미가 되고, 나날이 악한 업을 소멸하나니 그것은 곧 밭에서 김매는 것과 같느니라. 내가 끄는 소는 그 이름이 정진이니 한 번 감에 돌아옴이 없고 행하되 슬퍼함이 없으며 나를 편안한 경지로 이끌도다. 나는 이렇게 밭을 갈고 씨를 뿌려 감로의 열매 거두며 사노라."

　이와 같이 부처님의 중생교화의 길을 농사 짓는 일에 비유하여 말씀하고 계십니다. 우리의 정신을 계발하기 위하여, 농사 짓는 농부들이 잡초를 제거하고 땅을 개간하듯이, 연기의 법을 믿고 지혜를 갈고 닦을 것이며, 또 정진하는 수행이야말로 농사 짓는 일이 아닐까요? 우리 마음의 땅을 개간하고 물을 주고 옥토를 만드는 일이야말로 참된 농부의 농사일이 될 것이며, 또 그것이 수확을 보장하는 진정한 인생이 될 것입니다.

　주어진 일에 만족하고 그 삶을 기쁨으로 맞이한다면 우리 삶의 보람은 한결 더 중장될 것이며, 또 농부들이 밭갈이 하는 정신으로 우리가 가야 될 현실의 삶을 모두가 기쁨으로 수용할 때 우리의 삶은 빛나 보일 것입니다.

깨끗이 단장하는 마음

"현재겁이 다하고 미래겁이 다하는 날까지 부처님을 모시고 부처님의 삶을 따르겠습니다."

이러한 정신이 부처님께서 말씀하신 계율을 따르는 길이 아닐까요?

계율이라고 하면 일반적으로 어렵게 생각하는 사람이 많습니다만, 우리가 괴로운 세상을 벗어나게 하는 가장 안전한 가르침이 계율입니다. 어쩌면 계율을 지킨다는 것은 본래대로 돌아가는 인간성 회복 운동이 될 것입니다. 과거 일곱 부처님께서 기꺼이 받아 지켰던 계율에서는 이렇게 말씀하시고 계십니다.

"모든 악을 행하지 아니하고 모든 착함을 따르고 실천하여 스스로 마음이 맑고 깨끗하다면 그것을 일러서 부처님의 가르침이라 한다."

부처님 닮아가는 일, 부처가 되는 길, 고통세상 벗어나는 길은 멀리 있지 않습니다. 작은 것에서 악을 행하지 아니하고 착함을 지키는 것, 이를 계율이라 할 수 있겠습니다. 이미 지킴이 완성되었을 때 계율이란 경계선은 무너지고 맙니다. 부처님이나 보살은 계율이란 조건, 주어진 통제 기능이 없습니다. 오직 중생 곁에 있을 뿐입니다.

"어떠한 경우를 당해서라도 생명 있는 것을 죽이지 않겠습니다."

자신의 살점에는 육안으로 확인하기 어려운 작은 가시만 박혀도 아파하고 괴로워하면서, 진정 남의 생명은 죽음을 강요하고 또 그 살점을 맛있게 먹으려 하는 게 사람의 모순된 생활이 아닌가 생각됩니다. 우리들은 오랜 세월을 두고 무단히 살생하고 생명을 죽이면서 못난 인간의 능력을 과시하려고 하는 경우가 많았습니다. 그래서 계율을 늘 읽고 외우면서 살아야 한다고 믿습니다. 평생토록 지킬 것을 맹세하고 그것을 되풀이할 때 잠재된 계율에 의해서 살생과보를 벗어난다고 봅니다. 사람이 짐승과 다른 것은 부처님의 율법을 따르는 도덕률이 있기 때문이라 하겠습니다. 스스로 절제의 아름다움을 실천하고자 한다면 계율의 향기가 많은 사람들에게 삶의 빛이 되고 은혜가 될 것입니다.

내 결코 생명 있는 것을 죽이지 않겠습니다.
나의 이익을 위해서 거짓말하지 않겠습니다.
내 삶의 작은 기쁨을 위해서 음행하지 않겠습니다.
어떠한 경우를 당해서라도 남의 물건을 훔치지 않겠습니다.
부정한 음식으로 몸과 마음을 흐리게 하는 나쁜 음식을 먹지 않겠습니다.

현실에 충실하라

"과거도 따르지 말고 미래도 원하지 말라. 무릇 과거는 이미 갔고 미래는 아직 오지 아니했으니, 다만 현재법을 곳곳에 잘 관찰하여 흔들리지 말고 동하지 말지어다.

잘 알아서 닦아 익혀라. 오직 오늘 할 일을 열심히 하라. 내일의 죽음은 누가 알겠느냐?

저 죽음의 신은 어디서나 만나지 않을 수 없을 것이다.

이와 같이 현실에 충실하여 열심히 낮과 밤에 게으름이 없을진대 이 사람을 어진 자라 하느니라."

잡아함경에 나오는 부처님의 가르침입니다.

과거에 내 부모가 무슨 벼슬에 있었고, 또 굉장한 부자였다고 자랑하는 사람들이 있습니다. 또 과거의 영화로운 삶이 현재의 생활을 복되게 한다고 하는 사람도 있을지 모릅니다만, 세상의 이치는 그렇지 않습니다. 과거의 삶의 모습이 도리어 현재의 삶을 허망과 좌절과 고통에서 허덕이게 하는 수가 더욱 많습니다. 미래 또한 마찬가지가 아닐까요?

일년 후에, 십년 후에 영광이 온다고 해서 오늘 당장 밥을 먹지 않고 기다릴 수는 없습니다. 하루하루의 삶들이 일년을 만들고 십년을 만들어 인생이란 여정이 형성됩니다.

　정치하는 사람들이 역사를 바로 세운다고 소리를 높이고 있습니다만 어디에 바탕을 두고 역사를 바로 세우는지, 저 하늘에 세우는 것인지 모래땅 위에 누각을 짓는 것인지 납득이 안될 때가 많습니다. 역사는 분명 과거의 바탕 위에 형성되어지고 또 역사는 흘러가고 있습니다. 역사는 누구에 의해서 세워질 수도 없고 또 없어질 수도 없는 것입니다. 정치적 개혁도, 종교적 개혁도, 이 세상에서 새롭게 뜯어고친 것은 이미 존재하지 않습니다.

　부처님께서 말씀하셨습니다.

　"늘 진리는 그렇고 그런 것이다. 다만 남을 수고롭게 한 자에게는 반드시 인과응보의 무서운 과보가 남아 있을 뿐이다."

　　　그저 만나면 '어리석음에서 벗어날지어다' 하고 한번 마음으로 되뇌어 봅시다.

가장 보배로운 것

우리에게 어떤 것이 가장 보배로운 것인지 생각해 보겠습니다. 마음 깊은 곳에 자리하고 있는 보배, 과연 어떤 것이 보배일까요?

첫째는 믿음의 보배입니다. 인생을 살아가는 데에는 굳은 신뢰가 얼마나 큰 재산인지 모릅니다. 강철 같은 의지와 추진력도 믿음에서 가능합니다.

둘째는 노력의 보배입니다. 한 걸음 한 걸음, 보다 나은 삶을 향하여 노력한다는 것은 곧 현실 정토를 구현한다는 것이지요! 인생을 가장 값지게 하는 것이 될 수 있는 바탕이 됩니다.

셋째는 듣는 보배입니다. 가르침을 새겨 들을 수 있다는 것, 잘 못을 알고 고칠 수 있는 것은 곧 스승의 뜻을 살피는 데 있을 것입니다.

넷째는 부끄러워함의 보배입니다. 부끄러워하지 않는 사람, 과연 사람이라 할 수 있을까요? 이것은 미물 축생이 아닌 사람만이 가지는 가장 고귀한 재산입니다.

다섯째는 계행의 보배입니다. 율법은 곧 스승입니다. 요즘 같은 시대에 부처님의 계율만큼 확실한 스승은 없을 것입니다. 사람도 변하고 모든 것이 아침저녁으로 자기 편리한대로 변모되는 상황에서 우리 불교인에게 계율은 인생의 무엇보다 소중한 보배가 됩니다.

여섯째는 나누어주는 보배입니다. 내 귀한 것을 남에게 나누어 줄 수 있는 보배, 어쩌면 인생을 살아가는 데 있어서 받는 즐거움보다는 주는 즐거움이 훨씬 거룩하고 위대할 것입니다. 가지려는 마음은 온갖 고통의 원인이 되고, 주려고 하는 마음은, 또 나누어 주는 것은 모든 액난과 고난을 극복하는 양약이 될 것입니다.

일곱째는 정혜의 보배입니다. 자신의 몸과 믿음이 스스로 안정되고 복덕으로 충만하다면 얼마나 행복할까요? 요구하는 탐심이 쉬었다고 볼 때 보배 중의 보배가 아닐까요?

사람은 참 영리한 것 같은데 사람만큼 어리석은 짓을 많이 하는 것도 없을 것입니다. 흡사 불나비가 저 죽는 줄 모르고 불꽃을 탐하여 날아가듯이. 진정 우리가 추구하고 가져야 될 보배를 생각해 보았습니다.

발보리심, 깨어나십시오

발보리심, 깨달음을 구하는 마음을 일으킨다는 뜻이지요. 바꾸어 말하자면, 괴로우니까 행복하고자 하는 마음을 낸다는 것입니다.

어떤 사람을 막론하고 행복하게 살지 않겠다는 마음을 내는 사람은 없을 것입니다. 저 지장보살님께서 지옥세계로 달려가는 것도 정토세계를 열어 가고자 하는 간절한 서원의 발로입니다. 즐거운 생활이 되려면 보리심을 내야 합니다.

그래서 아함경에서는

"보리심, 즉 위로는 지혜를 구하고 아래로는 무한 중생을 구제하는 마음이 부처님의 종자가 모든 불법을 내는 까닭이 되고, 또 보리심은 좋은 밭이 되니 중생의 깨끗한 법을 기르는 까닭이다. 보리심은 밝은 눈이니 올바른 길과 잘못된 길을 분명히 보는 까닭이며, 보리심은 큰 바다이니 모든 공덕을 받아들이는 까닭이며, 보리심은 좋은 약이니 모든 번뇌를 잘 치료하는 까닭이며, 보리심은 훌륭한 악기이니 깊고 묘한 소리가 법답게 들리는 까닭이며, 보리심은 깨끗한 거울이니 모든 법문을 비쳐주는 까닭이니라."

라고 하였습니다.

　　　　부처님을 닮아가는 마음을 일으킨다는 것, 또 그 마음으로 살아갈 수 있다는 것, 이것 이상으로 무엇이 우리에게 필요한 것일까요? 늘 깨어 있는 마음은 늘 즐거운 삶이 되고 밝은 세상의 주인이 될 것입니다. '발보리심, 깨어나십시오.' 만나는 이에게 이렇게 얘기를 한번 건네 봅시다.

우리 곁에서 미소하시는 성자

　　　　능히 세상을 구원하시는 분은 어떤 분일까요? 범부 중생을 부리고 그 위에서 서 있는 사람이 성자일까요? 또 세상을 심판하고 지옥과 천당을 결정짓는 이를 성자라 할까요? 자기의 교단의 권세를 지탱하는 이를 성자라 할까요?

　부처님께서 밝히고 계시는 성자란

　"모든 속박을 끊어버리고 두려울 것이 없는 사람, 스스로 묶여 있는 마음의 매듭을 풀고 자유인이 된 사람, 이러한 사람을 나는 성자라 부른다.

　욕먹고 얻어맞고 결박당하여도 흔들림 없는 마음의 평안을 얻고 참고 견디어내는 정말 힘이 있는 사람, 이러한 사람을 나는 성자라 부른다.

　화 잘 내는 마음을 모르는 성실한 사람, 탐욕이 없고 덕을 갖춘 사람, 스스로 잘 다스리고 후회하지 않는 사람, 이러한 사람을 성자라 부른다.

　연꽃잎에 묻지 않는 물방울 같이, 송곳 끝에도 앉지 않는 겨자씨와 같이 모든 욕망에 집착하지 않는 사람, 이러한 이를 나는 성자라 부른다.

깊은 사색과 슬기로움이 있어 정법과 사법을 능히 알아차리고 더 나아갈 수 없는 자리에 도달한 사람, 이러한 사람을 나는 성자라 부른다.

약한 자에게도 강한 자에게도 생명이 있는 것에는 채찍을 들지 아니하고 다치게도 죽이지도 않는 사람, 이러한 사람을 나는 성자라 부른다.

악한 무리 속에 있어도 악한 마음이 일어나지 않고, 채찍을 든 사람 속에서도 채찍을 들지 않고, 욕망의 무리 속에 있어도 욕망이 없는 사람, 이러한 사람을 성자라 부른다.

탐욕도 성냄도 교만심도 위선도 겨자씨가 송곳 끝에 앉지 않고 떨어짐과 같이 모두 떨쳐 버릴 수 있는 사람, 이러한 사람을 나는 성자라 부른다.

늘 조용하고 부드럽게 말하고 참됨과 진리를 이야기하고 말로써 남을 상처 입히지 않는 사람, 이런 사람을 나는 성자라 부른다."

성자가 멀리 있을까요? 그냥 우리 곁에 머물러 있을 것입니다. 부처님 말씀처럼 조용하고 부드럽게 우리 곁에서 미소짓고 계실 것입니다.

발걸음 하나에도 수행력이 있다

발자욱 자욱마다 기쁨 주고 복덕스러움이 넘쳐 나는 걸음걸이는 어떤 것일까요? 수행자의 걸음은 소처럼, 코끼리처럼 하라는 옛 사람들의 교훈이 있기도 합니다만, 걸음걸음 그 걷는 모습을 보면서 참 삶의 질을 엿볼 수 있는 노 비구니 스님의 안목을 생각해 봅니다.

어느 날 우다국다존자께서 당신의 제자들을 데리고 부처님 당시의 수행과 생활을 직접 듣기 위하여 부처님의 제자인 노 비구니 스님을 찾아가게 되었습니다. 그런데 그 노 비구니의 처소 앞에는 작은 개울이 있었고, 그 개울에는 철판으로 만든 다리가 놓여 있었습니다.

우다국다존자께서 대중을 대표해서 부처님 당시의 수행과 승단의 기강이 어떠했는가를 물었습니다. 그런데 노 비구니의 대답은 전혀 엉뚱한 것이었습니다.

"다른 것은 그만 두고라도, 조금 전 대중 스님네들이 다리를 건너 올 때 소리를 많이 낸 것만 보아도 불법이 많이 쇠퇴했다는 것을 알 수 있습니다. 저 다리가 철판으로 만든 다리여서 소리가 많이 나기는 합니다만, 부처님 당시에는 많은 대중들이 다리를 오고 가는데도 소리가 나질 않았습니다. 그런데 존자께서 여러 대중을 데리고 다리를 건너 올 때는 아주 요란한 소리가 났습니다. 미루어 생각해 볼 때 부처님 당시의 수행자들의 마음가짐이나 걸음걸이와는 비교할 수가 없습니다. 즉 이것은 불법이 쇠퇴한 증거가 됩니다."

참으로 노 비구니 스님의 지적은 예리하고 훌륭한 가르침입니다. 몸가짐 하나에서 그 사람의 성품을, 걸음걸이 하나에서 그 사람의 수행력을 느낄 수 있습니다. 손 한번 흔들고 발 한번 내딛는 그 걸음 속에 그 사람의 복덕스러움이 깃들어 있다고 생각할 때, 우리 불자들의 행동에 따라 만 생명이 살아날 수도 있고 또 돌이킬 수 없는 죽음으로 떨어질 수도 있습니다.

지금 이 순간, 자신에게 붙어다니는 잘못된 습관이나 자신의 인격에 흠이 될만한 자세는 없는지 살펴봅시다. 부처님께서는 우리의 일상 생활 속에서 손짓이나 눈빛 하나 머리카락 하나 발끝 하나에서도 사람다운 삶의 모습을 확인하시고 가르침을 주시었습니다.

응병여약

사람이 살아가다 보면 질병의 고통을 당하게 됩니다. 이러한 때 부처님이나 보살님네들은 그 질병의 종류에 따라, 또 그 중생의 근기에 따라 알맞은 약을 주고 그 병을 낫게 합니다. 즉 중생의 고통에 따라 처방을 내리는 것을 응병여약이라고 표현합니다. 의사가 환자를 진찰하여 진단을 내리고 그 병에 따라서 처방전을 짓듯이 말입니다.

부처님께서 설하신 가르침은 오직 둘 아닌 하나로서 차별을 두지 않고 평등하지만, 중생의 근기는 팔만 사천 가지로 차이가 많습니다. 그러다보니 그들의 고통스러운 삶을 구원의 빛으로 인도하시는 데에는 병의 종류만큼이나 가르침을 달리 하고 있습니다. 그리하여 열반경에 나오는 가르침에는

"부처님은 훌륭한 의사와 같아서 큰 선지식이라 한다. 왜냐하면 병을 알고 약을 아는 까닭에 그 병에 따라 약을 쓰기 때문이다. 이와 같이 중생들의 병을 세 가지로 알아 치료하신다.

첫째는 탐욕의 병이니, 사람이 죽으면 지수화풍으로 어우러져 있는 육신은 흩어지고 마지막에는 백골만 남는 것이니 애착하고 탐낼 것이 없는 것이라 하여 백골상을 일러주시고, 그 두 번째는

진규의 병이니, 크게 사랑하고 크게 불쌍히 여기는 병이니 여러 사람에게 복을 주고 고통을 없애게 하는 자비상을 일러주시었고, 세 번째는 우치의 병이니, 사람이 무명으로부터 행을 일으키고 행으로부터 식을 나게 하고 내지는 생로병사까지 일어나게 하는 12연기상을 관하게 하여 병을 고치게 하니라."

부처님께서는 우리의 병을 세 가지로 요약해서 가르침을 주고 계십니다. 참으로 병 따라 약을 주시는 의사와 같은 부처님의 다함없는 자비 방편을 느낄 때, 능히 세계는 밝음의 땅이 되고 복 있는 세계가 되는 현실 정토를 느낄 수가 있습니다. 우리의 생활이 결코 부처님의 가르침을 떠나서는 존재할 수가 없고, 부처님의 가르침 또한 우리의 삶을 지탱하는 양약이 되는 것입니다. 중생들의 병 따라 가르침을 주시는 은혜의 님! 자비의 성자 세존의 미소를 생각해 봅니다.

지팡이보다 못한 불효자

　　　　사람이 사람으로서 해야 할 일이 많지만, 그 중에서도 부모를 봉양하는 것은 근본 도리일 것입니다. 하지만 자식된 도리를 다하지 못하는 불효자가 되기도 하고 인간의 탈을 쓴 금수가 되기도 합니다.

　어느 날 부처님께서 기원정사에 계실 때, 아침 걸식을 하시다가 늙고 쇠약한 몸을 한 바라문을 만나게 됩니다. 그 때 부처님께서 물으셨습니다.

　"그대는 어찌하여 늙고 쇠약한 몸으로 걸식을 하고 있는가?"

　"세존이시여, 아들을 키워 며느리를 맞은 다음에 재산을 모두 자식에게 물려주고는 그 자식으로부터 쫓겨나 걸식하고 있나이다."

　부처님께서는

　"내가 그대에게 게송을 일러줄 것이니 많은 사람들 가운데서 말하라."

　고 하시면서 노래를 지어 주셨습니다.

　"아들을 낳았다고 기뻐했고 그 아들을 위해서 재산을 모았는데, 아들을 위해서 며느리를 들인 뒤에 나는 집에서 쫓겨나게 되었다네. 어떤 시골에서 불효한 자식이 늙은 아비를 등지고 버렸으니 얼굴은 비록 사람이지만 마음은 나찰 귀신이라네. 늙은이에게 자식보다 지팡이가 나으니 자식은 귀하다고 사랑할 것 아니라네. 구부러진 지팡이는 잡짐승을 막아주고 험한 곳에선 나의 의지처가 되어주며 또한 가시덤불 헤쳐가게 해 주니, 못난 자식보다는 이 말 없는 지팡이가 낫다네."

늙은 바라문은 이 마을 저 마을을 돌아다니면서 이와 같은 노래를 부르고 다녔습니다. 이 소식을 전해들은 자식은 참으로 황망하여 그 잘못을 뉘우치고 늙은 아버지를 집으로 모시고 가 극진하게 봉양하였습니다.

이제 아들이 사람이 되고, 또 가문에 부끄러움이 없어지게 되자 늙은 바라문은 이 모든 것이 부처님의 은혜임을 알게 되었습니다. 그래서 그 바라문은 그 은혜에 보답하기 위하여 부처님께 의복을 공양하게 되었습니다.

"세존이시여, 저는 이제 아들과 함께 살게 되었습니다. 이 모든 것이 부처님의 법력이요, 은혜입니다. 세존이시야말로 저의 훌륭한 스승이십니다. 저를 어여삐 여기시어서 이 의복을 받아 주시옵소서."

부처님께서 그 공양을 받으시자 그 노인은 기뻐하면서 부처님께 예배하고 물러갔습니다.

나는 과연 부모님께 자식된 도리를 다하고 있는지 생각해 봅시다.

해방자의 노래

산문을 열고 지금까지 일대사를 영단하는 결단심을 풀고 대중 속으로 나오는 해제날. 닫혀 있는 것을 열기보다는 본래의 청정자성으로 돌아가는 본원이 될 것입니다. 무엇을 열고 무엇을 버려야 할까요?

나는 이제 이 몸을 버릴 때가 되었다. 왜냐하면 나는 오랜 옛적부터 수없이 이 몸이 죽어 버렸지만 아무 소용이 없었고, 항상 사랑하고 아껴서 집에서 살게 하며, 음식과 의복과 이부자리, 약, 코끼리, 말, 수레 같은 것을 의지하여 때에 따라 공급하고 부족함이 없게 하였다. 그러나 은혜는 고사하고 오히려 원망하고 그러면서도 필경에는 죽고 마는 것이다. 또 이 몸은 견고하지 못하여 이익될 것이 없고 믿기가 도적과 같고 또 걸어다니는 화장실과 같고 내가 오늘날 이 몸으로써 훌륭한 일을 하면서 나고 죽는 바다에서 큰 다리가 되게 하리라. 그리고 이 몸을 버리는 것은 한량없는 등창이 난 몸이나 백천 가지 무서운 질병을 떼어버리는 것과 같다.

이 몸은 더러워서 똥 오줌이 가득 차 있고, 이 몸은 견고하지 못하여 물 위에 뜬 거품 같으며, 이 몸은 깨끗하지 못하여 벌레 집이 많으며, 이 몸은 나쁜 것이 힘줄로 얽혀 있고 피로 갈라져 있으며, 가죽·뼈·살·골수로 부지하는 것이니 이렇게 생각하면 보잘것없다. 내가 이제 이 몸을 버리어서 위없이 고요히 열반에 들고, 근심 걱정과 덧없이 변화하는 영원을 여의고, 나고 죽는 것을 지워버려 번뇌를 없애고, 한량없는 선정과 지혜 공덕으로 참된 몸을 구족히 성취하고, 백 가지 복으로 장엄하여 부처님들의 칭찬을 받으며, 위없는 법신을 정득하고 모든 중생에게 법의 즐거움을 주리라.

우리의 일상 생활이 오욕칠정으로부터 자유로울 때 해방자의 기쁨을 누릴 수가 있습니다. 윤회의 고통이란 삶에 대한 집착과 오욕에 의해서 오는 것이건만 사람들은 이것이 범상한 삶인 줄로 착각하고 있습니다.

해제일을 맞이하여 우리는 무엇을 풀고 또 자유로움을 얻을 것인가를 다 같이 생각해야 할 것입니다. 흔히 해제라는 것은 갇힘 속에서의 해방을 의미합니다만 본래 우리의 인생이 갇혀 있거나 또 자유로운 것은 아닙니다. 우리가 관념의 틀을 깨고 나올 때 참다운 해제일을 맞이하는 것이고, 따라서 우리는 늘 해제해야 할 것입니다.

살생을 경계하는 가르침

겨울잠을 자던 개구리가 나온다는 경칩입니다. 그 동안 쉬면서 땅 속에 갇혀 있던 생활을 정리하고 세상 밖으로 나와 뭇 생명과 어울려 함께 살 수 있다는 것이 더 없는 기쁨이 될 것입니다. 어찌 생명의 무게에 가볍고 무거움이 있겠습니까?

들려오는 얘기로는 자신의 건강에 좋다는 이유 하나만으로 겨울잠을 자는 개구리를 잡아다가 먹는 사람이 있다고들 합니다. 어떨까요? 누군가가 자신의 생명을 노리고 잡아먹는다고 한다면. 그 과보는 반드시 자신에게로 돌아갈 것입니다.

중국 추경스님의 살생을 경계하는 가르침을 들어봅니다.

세상 사람들이 남의 목숨을 죽인 고기를 먹는 것은 눈물을 뿌려 통곡하며 탄식할 일이다. 모르고 짓는 살생하는 죄업을 말할 때 일곱 가지 정도로 나누어서 설명할 수가 있다.

첫째, 생일날에 살생하지 말아야 한다. 이 날은 어머니께서 갖은 고통을 감당하고 끝내는 죽을 뻔한 날이므로 이 날은 몸과 마음을 단정히 하고 착한 일을 하고, 부모를 위하여 극락왕생을 발원하고 살아 계신 부모를 위하여 복과 지혜를 닦고 베풀어야 할 것이다. 어머니의 수고하던 일을 잊어버리고 살아 있는 생명을 죽이고 먹는다면 부모에게 허물을 끼치게 되고 자신에게 오는 무서운 과보를 면할 길이 없다.

둘째, 자식을 낳아서는 생명을 죽이지 말아야 한다. 사람들은 자식이 없으면 슬퍼한다. 모든 짐승들도 제 새끼를 사랑하고 위하는 것이 사람과 다를 바가 없다. 사람들은 자기 자식이 태어나면 좋아하면서 어찌 다른 생명을 죽이고 먹을 수 있겠는가? 어린 자식이 태어날 때 복과 덕을 쌓아 자식의 앞길을 열어 주어야 하거늘 살생하여 생명을 죽여서는 아니 된다.

셋째, 조상의 제사에 살생하지 말아야 한다. 먼저 가신 조상이나 부모를 위하여 재를 베풀어야 하고 복을 지어야 하거늘 산 목숨을 죽여 젯상을 차리거나 먹는 것은 악업만 늘어날 뿐이다. 참으로 눈물을 뿌려 통곡할 일이다.

넷째, 결혼하는 날에 살생하지 말아야 한다. 남녀가 만나서 행복한 생활을 발원하면서 살생을 하는 것은 스스로가 수명을 단축하고, 불행의 늪 속으로 뛰어드는 것과 같다.

다섯 번째, 손님을 대접할 때 살생을 하지 말아야 한다.

여섯 번째, 복을 빌고 기도하면서 살생하지 말아야 한다.

일곱 번째, 내 살기 위한 수단으로 생명을 죽이는 직업을 갖지 말아야 한다.

진흙 속에서 핀 연꽃

"길거리에 버려진 쓰레기더미 속에서 실로 향기로우며 마음을 밝혀주는 하얀 연꽃이 피어납니다."

법구경에 나오는 부처님 말씀입니다. 불교를 상징하는 꽃은 연꽃입니다. 더러운 흙탕물, 쓰레기더미 속에서 피지만 그 더러움에 물들지 아니하고 오히려 그곳에서 생명의 뿌리를 내리고 아름다움으로 피어납니다. 세상이 아무리 모질고 험난하다 해도 세상을 떠나서 살 수는 없습니다. 만약에 다른 세상이 있다 해도 그곳 역시 우리가 살고 있는 이곳과 다름이 없는 그러한 세상일 것입니다.

옛날 인도의 큰 길 가에는 연못이 많이 있었다고 합니다. 그 연못 속에는 쓰레기가 산더미처럼 버려져서 범벅이 되어 있고, 그런 진흙 구덩이 속에서 눈부시게 피어나는 연꽃, 그 연꽃의 순결함과 맑고 깨끗함, 이런 신비롭기까지 한 자연의 아름다움 속에서 석가 세존의 전법도생의 길을 상징하는 관계를 찾았다는 것을 우리가 느낄 수 있습니다.

많은 사람들은 진흙탕 늪을 더럽고 깨끗하지 못한 것으로 봅니다. 그러나 연꽃의 입장에서는 그곳이야말로 아름다운 연꽃을 피울 수 있는 꽃밭입니다.

　우리의 분별망상이 깨끗하게도 더럽게도 볼 뿐이지 깨끗함과 더러움의 상대적 관념은 가장 아름다운 세계를 만드는 연기적 관계에 있다고 볼 수 있겠습니다. 중생이 부처 되고 부처 또한 중생이며 그러므로 부처와 중생은 한 몸입니다. 또 연꽃을 피우는 자양분이 충만해 있는 곳은 더럽다고 하는 진흙탕 연못입니다. 진흙 구덩이의 더러움을 떠나서는 연꽃의 아름다운 모습과 향기가 태어날 수가 없는 것입니다.

　우리는 늘 저쪽 세계 정토나라에 태어나길 원합니다. 진정 사람에게는 이 현실을 벗어나고자 하는 바램만 가득하지, 현실을 행복의 자양분으로 해서 복덕이 가꾸어진다는 것을 깨닫지 못하는 경우가 많습니다. 가장 미천한 삶은 가장 큰 재산입니다. 아무리 더러운 환경에서도 그 환경에 지배당하지 않고 자신의 모습을 지켜나가는 연꽃, 진흙 속에서 피어나는 연꽃을 생각하면서 우리 삶의 바탕을 살펴봅시다.

베푸는 기쁨

　　　　나보다 남을 사랑할 수 있는 마음가짐, 내 귀한 것을 남에게 나누어 줄 수 있는 사람, 그리고 나보다 어렵고 가난한 사람들에게 베풀 수 있는 사람이 많다고 할 때 세상은 훨씬 아름답게 꾸며질 것입니다.

　부처님께서는 가난한 사람에게 베풀어주라고 말씀하고 계십니다. 세존께서 사위성 기원정사에 머물고 계실 때, 한 나라의 태자가 세존을 친견하고 이렇게 말씀을 올렸습니다.

　"탐내고 인색하나 가난을 벗어나지 못함은 전에 은혜로써 베풀지 않은 탓이니, 만약 복덕을 누리고자 한다면 널리 베풀어야 할 것입니다."

　부처님께서는 게송으로 말씀하셨습니다.

　"분수에 넘는 탐욕보다 무서운 것이 없고, 탐욕을 벗어나지 못하면 언제나 궁핍을 벗어나지 못하되, 가난을 탓하면서 베풀어 보시하지 않는다면 가난의 고통은 금생이나 내생에서 감당할 수 없으리라."

　부처님의 가르침은 어리석은 사람을 눈뜨게 합니다. 어리석은 사람은 지혜로운 사람과 함께 죽더라도 태어나는 곳은 서로 다르다고 합니다.

"설사 신에게 백천 번 제사하고 모든 외도에게 공양하더라도 가난한 사람에게 기쁨으로 베푼 공덕의 십분의 일에도 미치지 못하리라. 남에게 고통을 주면서 얻은 재물로 거창하게 베푼다 하더라도 깨끗한 재물로 베푸는 작은 보시 공덕에는 비교할 수가 없느니라."

우리가 살고 있는 세상이 살만하고 또 의식주는 해결된 것처럼 알고 있습니다만, 아직도 우리 주위에는 끼니를 때우지 못하는 이웃이 많이 있습니다. 어린아이들의 도시락을 준비하지 못하는 이웃도 있고, 병들어도 병원 가는 것이 사치로 생각되는 형제들이 많이 있다고 합니다.

나보다 어려운 환경에서 가난하다고 느낄 여유조차 없이 사는 이웃을 위하여 나누는 기쁨을 생각하고 실천한다면 얼마나 복된 삶이 될 수 있을까요? 우리의 삶이 살만한 가치를 느낄 수 있으려면 내 이웃을 향하는 마음이 간절하고 자비로워야 될 줄 믿습니다.

봄향기처럼

　　　　봄 냄새가 코끝을 스치고 지나가는 듯합니다. 그렇다고 해서 봄에 탐착해서도 아니될 일인 줄 압니다. 꽃을 꽃으로 보는 자연스러운 마음이 필요합니다. 어느 쪽에 매달리는 것은 스스로가 자유를 구속하는 것이라고 볼 수 있겠습니다.

　부처님께서도 이렇게 말씀하고 계십니다.

　"비록 다섯 가지 욕심을 만난다 하더라도 만남만으로 탐욕이라 말하지 않고 생각이 물들고 매달릴 때 탐욕이라 말하리니, 온 세상이 욕심으로 얽혀 매달리더라도 마음이 견고한 사람은 얽매이지 않고 해탈하리라."

　부처님께서 게송으로 계속 말씀하고 계십니다.

　"탐욕의 바탕은 본래 무상하나니, 탐욕심을 끊으면 도를 깨닫지만, 탐욕에 매달려 집착하면 영원히 해탈하지 못하리라.

　남을 믿지 못하는 마음이 일어나지 못하게 하고 믿음으로 벗을 삼는다면, 그 이름 온 세상에 두루 펼쳐지고 이 세상을 다한 뒤에 천상에 나리라.

　믿음을 지키고 탐욕을 끊는다면, 윤회의 굴레에서 벗어나 생사의 구속을 떨치고 길이 열반에 들리라.

육신은 텅 비었으니 나 없음을 알라. 육신과 생각이 허망함을 깨닫고 육신과 생각에 집착하지 않으면 해탈의 기쁨을 얻게 되리라.

해탈에도 매달리지 말고 해탈 아닌 것에도 매달리지 말고, 자비로운 마음으로 모든 중생을 감싸고 보호하여 널리 모든 생명에 이익됨을 베풀어라."

부처님의 가르침을 가만히 듣고 있노라면 자신도 모르는 사이에 '참 그렇다, 옳으신 말씀이다.' 이렇게 생각을 하면서도 마음 한 구석에서는 '뭐 그것은 부처님 말씀이시겠지, 우리들 범부 중생들이야.' 이렇게 생각하시는 분이 계실지도 모르겠습니다. 바로 이것이 우리의 인생을 집착에 매이게 하는 요인이 됩니다. 우리 한번 부처님 말씀을 그대로 신수 봉행하는 믿음을 내어 봅시다.

사랑하는 자식을 키우는 이야기

우리는 자식을 위해 무엇을 하고 있을까요? 많은 사람들이 자식을 위해 산다고 하고, 또 자식에 대한 사랑이 절대적이라 할 정도로 극성스러운 사람들도 많이 있습니다.

부처님께서는 이렇게 가르침을 주고 계십니다.

"자식을 임신하게 되면 부처님께 귀의하고, 아이가 태어났을 때 삼귀의를 가르치고, 그 아이가 자라 직업이 생겼을 때는 다시 계행을 가르쳐야 한다. 손님을 재우거나 일꾼을 쓸 때에도 반드시 삼귀의하고 오계를 준 뒤에야 받아 주어야 한다."

참으로 세상을 살아가는 우리들에게 합당한 가르침이라 생각됩니다. 자식을 위하여 삼보에 귀의하고 계행을 가르치고 또 모범을 보여 줄 수 있는 부모의 자식 사랑이 얼마나 커 보입니까?

부모는 늘 자식에게 모범이 되어야 한다고 믿습니다.

어느 사형수가 교수대 앞에서 죽음을 앞두고 마지막 얘기를 이렇게 했다고 합니다.

"나는 아무런 죄가 없습니다. 우리 어머니께서 시키는 대로 행동하고, 그 모습을 보고 죄란 생각도 하지 못하고 나쁜 짓이라고 생각해 보지도 못했습니다. 그러니 우리 어머니가 죄인입니다."

세상 모든 부모는 어쩌면 모두가 죄인인지도 모르겠습니다. 자식은 마땅히 사람답게 배우고 알아야 할 권리가 있습니다. 자신보다는 자식을 구원하고 자신의 희생으로 세상의 행복을 일궈 갈 수 있는 인간애가 절실히 요구됩니다.

　　　부모 된 사람의 길이 어떠한지 생각해 보았으면 합니다. 마땅히 배워야 하고 가르침을 받아야 할 자식의 권리를 부모가 박탈해서는 아니될 줄 믿습니다. 사랑하는 자식의 앞길을 함께 걱정하면서 행복의 나라를 꿈꾸어 봅니다.

복된 삶을 위하여

벌써 산과 들이 싱그러워지고 있습니다. 억새풀들은 벌써 제 모습을 뽐내며 생명의 역사처럼 당당해 보이기도 합니다. 아무도 알아주지 않지만 계절에 맞추어 시절 인연이 품 속에 나투어 보일 수 있음은 세상의 법리입니다. 때에 따라 계절이 바뀌고 사람도 또한 그렇게 바뀌어 갑니다. 때를 알고 실천하고 때를 살펴서 사노라면 참으로 복된 삶을 살 수 있을 것입니다.

사람은 마땅히 다섯 가지로 친한 사람을 가까이 공경해야 한다고 합니다.

첫째, 베풀어 보살펴 주어야 한다.

둘째, 서로 착한 말을 써야 한다.

셋째, 서로 이롭게 해야 한다.

넷째, 이익을 동등하게 해야 한다.

다섯째, 서로 속이지 않아야 한다.

때를 알고 행함이 자비로울 때 가르침에 어긋남이 없어야 합니다.

선생경에서 부처님께서는 이렇게 말씀하셨습니다.

"부모는 동방이 되고, 스승과 어른은 남방이 되고, 아내는 서방이 되고, 친구들은 북방이 되며, 근로자는 하방이 되고, 수행자는 상방이 된다.

모든 장자의 아들들이 여섯 가지 방향에 예경하되 때를 잃지 않고 공경하고 순종하면 죽어서 모두 하늘에 태어나리라.

은혜로 베풂과 부드러운 말은 사람을 이롭게 함이 많이 있나니, 이익을 함께 함이 저와 내가 같으며 가진 것을 남들과 함께 공평히 한다.

이 법이 세상계에서 지혜로운 사람이 선택하는 것이니 이것을 실천하면 큰 과보를 얻고 그 이름 널리 퍼지게 된다.

상과 자리를 아름답게 꾸미고 산해진미를 거기에 차려 공양하되 마땅히 필요한 것을 공급하면 그 이름 온 세상에 퍼지리라.

친구간에 서로 버리지 않고 이익 되는 일로써 서로 보이며 위아래가 항상 하나로 화합한다면 거기에 좋은 명예 얻으리라."

어느 때를 일러서 시절 인연이라 할까요? 스스로 때를 알고 행할 수 있을 때 스스로 나아가고 돌이킬 수 있는 자신이 되어야 할 것입니다.

사람과 사람

　　사람이 사람을 존경하고 사랑하는 것! 사람이 사람을 미워하지 아니하고 믿음을 줄 수 있다면 얼마나 좋겠습니까? 사람이 살아가는 데 가장 무서운 것은 사람이 사람을 미워하고 믿지 못하는 것이라고 할 수 있습니다. 혹시라도 나는 사람을 미워하고 있지는 않은지, 그리고 사람을 사랑하고 존경하지는 않는다고 하더라도 의심하거나 천시하지는 않는지, 자신의 거울을 보아야 할 것입니다.

　　의심하는 마음, 미워하는 마음이야말로 사람의 세상을 망하게 하는 무서운 적이 될 것입니다. 하늘을 우러러 한 점 부끄러움이 없고 땅을 굽어보고 웃어 보일 수 있는 넉넉함이 있는 사람이 그립습니다.

　　다른 사람을 속일 수 있을지는 모르지만 자신을 속일 수는 없습니다. 자신을 속일 수 있을지라도 자신의 양심을 속일 수는 없습니다. 양심까지도 속일 수 있다 해도 업장은 자신이 짓는 것이고, 짓는 업행은 속일 수가 없습니다.

　　좀더 사랑하고 믿음을 주는 사회는 불보살님의 자비가 넘치는 세상일 것입니다. 스스로가 무한 능력을 지닌 절대자임을 믿고,

본래 밝은 세상의 주인공이 되어야 할 것입니다. 좀더 가까이서 더불어 사는 수행이 따를 때 부처님의 아들딸로 돌아가는 불가사의의 힘을 가지게 됩니다.
　부처님께서는
　"착한 자여, 모든 중생에게는 본래부터 맑고 깨끗한 본심이 갖추어져 있나니, 그것이 밖에 있는 인연의 의지에서 일어나는 어리석은 번뇌에 덮여 숨겨져 있는 것뿐이다. 그러나 번뇌는 손님일 뿐이지 주인이 아니다. 마치 하늘 가운데 떠 있는 달은 잠깐 구름에 의해서 덮여 있으나 구름에 더럽혀질 수도 없고 변질되거나 움직일 수도 없는 것과 같다. 그러므로 사람의 분별 망상의 번뇌가 자기의 본 성품인 줄 알아서는 아니 되느니라."
라고 능엄경에서 가르침을 주고 계십니다.

　　　　　보살은 결코 성을 내거나 욕심을 부리지 않을 것입니다. 보살은 항상 사랑과 따스한 정으로 우리를 보살펴 주실 것입니다. 보살은 결코 우리 고통 중생들의 곁을 떠나지 아니할 것입니다. 보살은 늘 우리들이 잘못하고 어리석은 망상에 빠져 있을 때 저 지남철처럼 우리의 갈 길을 인도해 주실 것입니다.

관음의 자비

우리나라 불교 신앙의 주된 흐름이라 보이는 관음 신앙의 성지로, 3대 관음 기도 도량의 하나인 강화 보문사가 있습니다. 불자라면 한 번쯤은 참배하고 기도하고픈 곳입니다. 굳이 기도 도량이 아니라고 하더라도 어느 곳을 막론하고 관세음보살님의 위신력을 믿고 은혜의 가피를 입고 새 삶의 희망을 얻은 분이 많이 있습니다.

관세음보살님의 위신력을 이렇게 말하고 있습니다.

첫째, 사람이 굶주림의 곤란이나 고통으로 죽지 아니하고

둘째, 결박되어 옥에 갇혀 형벌로 죽지 않으며

셋째, 원한 품은 사람으로부터 갚음을 받지 않으며

넷째, 전쟁터에서 싸움으로 죽지 아니하며

다섯째, 호랑이나 악한 짐승의 해침을 받아서 죽지 아니하며

여섯째, 독이 있는 뱀이나 지네, 전갈 등으로 인해 죽지 아니하고

일곱째, 물에 휩쓸리거나 불에 타서 죽지 아니하며

여덟째, 독약으로 말미암아 죽지 아니하며

아홉째, 뱃속에 있는 독한 벌레에 의해서 죽지 아니하며

열째, 미쳐 발광하거나 실성하여 죽지 아니하며

열한 번째, 산이나 나무, 절벽 등에서 떨어져 죽지 아니하며

열두 번째, 나쁜 사람이나 도깨비 등에 홀려서 죽게 되지 아니하며

열세 번째, 신이나 악한 마귀의 수작에 의해 죽게 되지 아니하며

열네 번째, 문둥병이나 전염병 등에 걸려 죽지 아니하며

열다섯 번째, 분함이나 슬픔으로 자결하여 죽게 되지 않는다고 합니다.

늘 일념으로 관세음보살을 부르고 염불하는 자의 관세음보살님을 닮아 가는 마음은 자신을 구원하고 세상을 구원하는 위대한 힘을 얻게 됩니다.

그런데 관세음보살님은 어디에 계실까요? 과연 우리들이 친견할 수 있을까요? 분명 관세음보살님은 계십니다. 그리고 우리를 자비로 섭수하고 필경에는 구원해 주실 것입니다. 이렇게 우리는 굳게 믿음을 내어봅니다. 이와 같은 굳은 믿음으로 뭉쳐진 신앙은 관세음보살님의 세상을 이루게 합니다. 즐거울 때나 괴로울 때나 관세음보살님을 불러봅니다.

"나무아미타불 관세음보살."

무상의 노래

잠시도 머물러 있지 못하는 인생, 일어났다가 사라져 가는 무지개 같은 인생, 물거품 같은 부귀영화란 이름들, 저 태종대 앞 바다에 부서지는 파도 같은 인생인데도 꿈속의 단맛에서 깨어나지 못하는 많은 사람들, 우리의 인생을 부처님께서는 이렇게 말씀하고 계십니다.

어떤 죄수가 교도소를 도망쳐 나와 달아나고 있는데, 난데없이 무서운 코끼리가 쫓아오고 있었습니다. 정신없이 달아나다가 칡넝쿨이 우물 속으로 내려진 우물로 몸을 피하게 됩니다. 칡넝쿨을 붙들고 겨우 정신을 차려 주위를 살펴보니, 우물 중턱쯤에는 네 마리의 독사가 날름거리고 있고 우물 밑에는 무서운 독룡이 고개를 들고 쳐다보고 있었습니다. 그리고 고개를 들고 위로 쳐다보니 흰 쥐와 검은 쥐가 번갈아 가며 자신의 마지막 생명처럼 잡고 있는 칡넝쿨을 갉아먹고 있었습니다. 꺼져 가는 불빛 같은 생명 앞에, 우물 속에 매달린 벌집에서 달콤한 꿀물이 한 방울 입 속으로 떨어지자, 꿀물을 받아먹는 순간 자신의 생명이 처해 있는 위태로운 처지도 잊어버린 채 그만 꿀물 받아먹는 데 정신을 팔고 맙니다.

　이것은 인간의 생활을 아주 적절하게 묘사한 비유이니, 죄수는 혼자 왔다 혼자 가는 세상 사람의 고독한 모습이요, 죄수를 쫓아오는 코끼리는 하루도 쉼 없이 변화하여 늙어 가는 무상의 모습이요, 둥근 우물은 단 하루도 편안한 날이 없는 고통 세상을 말하는 것이며, 무서운 독룡은 탐욕의 결과로 떨어지는 지옥 세계요, 네 마리의 독사는 우리 몸을 형성하고 있는 살갗과 피와 더운 기운과 말하고 듣는 지수화풍을 말하는 것이며, 흰 쥐와 검은 쥐는 낮과 밤으로 흘러가는 우리의 생명을 상징하고, 떨어지는 꿀물방울은 우리 눈앞에 전개되는 오욕락을 말하고 있습니다.

　　　한 인간이 태어나 죽음에 이르기까지 하는 일이란 재물 모으고 애욕을 탐하고 먹거리에 허겁지겁하고 백년도 되지 못하는 목숨에 매달리고 아침 이슬처럼 허망한 명예에 헐떡거리며 살다 간다고 할 때 새삼 빈 하늘이 거룩해 보이는 순간입니다. 생각을 가다듬고 사람의 길을 조용히 생각해 봅니다.

결정된 틀은 없다

'중국의 마조스님께서 도를 깨닫기 전에 회양선사의 문하에서 수행하실 때 일어났던 이야기입니다.
어느 날 회양선사께서 마조스님이 열심히 좌선 정진하고 있는 모습을 보시고 물었습니다.
"자네 무엇을 하고 있는가?"
"예, 좌선하고 있습니다."
"좌선을 해서 뭘 하려고?"
"예! 불도를 깨닫기 위해서입니다."
그러자 회양선사는 기와 한 장을 들고 와서 마조스님 앞에서 덕덕 갈고 있는 것이었습니다. 한참을 보고 있던 마조스님이
"스님, 기와는 갈아서 뭘 하시려고 그러십니까?"
라고 묻자 회양선사께서는
"어, 이것으로 거울을 만들려고 한다네."
하셨습니다.
"어찌 기와를 갈아서 거울을 만들 수가 있습니까?"
"기와를 갈아서 거울을 만들 수 없는 것과 같이 자네가 거기 앉아 있다고 해서 어찌 부처가 되겠는가?"

그 때 당황한 마조스님께서는
"그럼 어떻게 하여야 되겠습니까?"
"자네는 우마차가 움직이지 아니할 때 수레를 때리는가, 소를 때리는가?"
이 물음에 마조가 말이 없자 회양선사는
"자네는 참선을 하려는가, 아니면 좌불이 되려고 그러는가? 만약 참선 공부를 하려고 한다면 선이란 앉아 있거나 누워 있거나 하는 행위에 있지 않다. 부처님 법이란 정해진 어떤 형식에 구애를 받는 것이 아닐 것이네. 진리란 어느 한 곳에 머물러 있지 아니한 것이니 법을 구하려 할진대는 그 어디에도 집착을 해서는 아니된다. 자네가 만약 앉아 있는 부처가 되려 한다면 이것은 부처를 욕되게 하는 짓이며, 앉은 모양에 집착을 한다면 영원히 대도를 이루지 못할 것이야."
라고 말씀하셨습니다.

허공계와 법계, 참으로 실낱같은 틈을 주지 않는 가르침이라 생각됩니다. 우리가 세상을 사는 이치도 크게 다를 바가 없다고 생각됩니다. 사람의 길을 놓고 볼 때, 자칫 잘못하여 인생을 헛되이 보내고 긴 한숨과 함께 하는 한 맺힌 삶이 되지 않기 위해서는 순간순간 자신의 모습을 되돌아보는 값진 시간을 가져야 할 것입니다.

관음의 눈, 돼지의 눈

　어릴 적부터 수없이 많이 들어왔던 이야기 중에 '제 눈에 안경이다.' 란 말이 있습니다. 사람이 아무리 날고 기는 재주가 있다 해도 제 수준을 벗어날 수 없다는 것이지요. 똥개란 놈은 금방 싸놓은 똥이 먹음직스러운 밥으로 보일 것이고, 돼지란 놈은 이것저것 집어넣은 음식 찌꺼기가 제 좋아하는 음식이 될 것입니다.
　자기가 좋아하고 평소에 연습하는 쪽으로 인생도 흘러갑니다. 애완견이 좋다고 품에 안고 다니는 사람들을 볼 때는 '두 발 달린 뭐가 네 발로 걷는 개를 모시고 다니는가보다' 이런 생각이 들 때가 있습니다. 사람도 먹기 힘든 고깃국에다 온갖 고급 음식들을 개 앞에 갖다 바치며 사는 사람들이 눈에 많이 들어옵니다.
　어느 수행자는 이렇게 말하고 있습니다.
　"축생을 가까이 하면 소·돼지를 닮아가고, 부처님을 우러러 모시게 되면 부처님을 닮아간다. 아무리 뛰어 봤자 자신의 능력 이상으로는 할 수 없다."
　이것이 세상의 법칙입니다.
　조선을 건국한 이성계와 고려 말 훌륭한 스승이었고 민족의 많은 수행자들을 이끌었던 무학대사 사이에 재미있는 이야기가 전해지고 있습니다. 무학대사의 나라 사랑과 백성을 어여삐 여기시는 자비로움이 이성계를 가르쳐서 조선을 세우게 한 것이고 보니 대사와 이성계는 남달리 친분이 두터운 사이였습니다. 하루는 제왕의 자리에 등극한 태조가 무학대사와 모처럼 조촐한 자리를 마련했습니다.

"대사님! 우리 임금과 신하의 관계를 떠나서 옛날처럼 농이나 하고 터놓고 얘기나 합시다."

"그럼 그렇게 하시지요."

얼굴이 유달리 검어 보이고 못생긴 무학대사를 향하여 태조가 말했습니다.

"대사님의 얼굴은 멧돼지같이 생겼습니다."

그 때 무학대사는

"임금님 얼굴은 우리 절 관세음보살 같아 보입니다."

태조께서는

"아, 대사님. 어찌 그게 농담이오?"

"아니, 제 눈에는 그렇게 보일 뿐입니다."

"우리 흉허물없이 얘기하자고 했잖습니까?"

그러자 무학대사는 이렇게 말했습니다.

"본래 부처의 눈에는 모든 것이 부처로 보이지만 돼지의 눈에는 모든 게 돼지로 보입니다."

저기 미소짓고 계시는 분과 닮아 가려는 마음을 바쳐 봅니다.

지성한 공양

　　　우리 불가에서는 절마다 초하루 법회를 봉행하고 있습니다. 십재일 가운데 연등재일, 정광재일 등으로 불리고 있는 날입니다. 불보살님의 자비원력으로 이 날만이라도 중생에게 구원의 빛으로 우리 곁에 오신다고 합니다.

　과거 생에 석가세존께서 선혜비구라는 이름으로 수행하고 계실 때, 연등 부처님께서 오신다는 소식을 들으시고 부처님께서 오시는 길목을 지키고 계시다가 질퍽한 땅, 그 땅에 부처님의 발이 빠질까봐 선혜비구는 당신의 머리를 풀어서 밟게 하시고 몸마저도 바쳐서 부처님의 가행을 돕기 위하여 공양을 올리는 모습을 그려봅니다.

　이미 수행의 완성 단계에 와 있던 선혜비구는 충분히 길을 고쳐서 흙을 다져 놓을 수 있었음에도 불구하고, 당신의 머리와 몸을 바쳐 공양을 올리는 갸륵한 신심을 지금의 우리들은 어떻게 받아들여야 할까요?

　신앙이라는 것은 조건이 주어져서는 아니 된다고 생각합니다. 이미 계산될 수 없는 무한세계로 나아가는 행로일 뿐입니다.

　우리는 옛 것을 너무 소홀하게 다루고 있습니다. '무슨 세대'

하면서 오직 세상이 젊은이들만의 것으로 착각하는 사람들이 많이 있습니다. 어디 인생이 그대로 머물러 있을까요? 사람은 태어나서 늙고 병들고 죽어 가는 생로병사의 법리를 벗어날 수가 없습니다. 우리의 정신 세계도 일어났다가는 잠시 머물고, 또 이것이라고 꼭 찍은 생각도 하룻밤 사이에 바뀌어지고 하다가 결국에는 사라져 없어집니다.

한 치 앞을 내다볼 수 없는 캄캄한 밤중에 허우적거리고 살고 있다는 느낌이 떠나가지 않는 그러한 시간입니다. 내가 알고 있는데 쓰지 않기란 참으로 어렵다고 합니다. 그래도 그 일을 능히 감당할 수 있는 자, 조금은 자신의 것에 대한 애착을 놓고 내일을 예비한다면 우리의 인생이 덕성스러워질 것입니다.

우리 할머니 할아버지의 신앙생활이 순수하고 힘이 있었다고 생각되는 것은 웬일일까요? 일구월심 그 맑고 깨끗한 정신으로 부처님이 어떤 분인 줄도 모르지만 부처님 전에 무릎이 닳아 없어지도록 예배 공양하는 지극한 신앙심이 참으로 거룩해 보이는 시간입니다. 그저 몸바쳐 공양하고 예배하는 모습, 과연 복 짓고 복되게 사는 신앙인의 자세는 어떤 것일까 생각해 봐야 할 것입니다.

선혜비구가 연등 부처님을 향하여 지성한 마음으로 예배 공양하는 모습을 통해 우리 현대 신앙인들의 모습을 살펴보는 값진 시간이 되었으면 합니다.

어려움 속의 행복

사람은 누구나 모든 일들이 잘 되기를 바랍니다. 또 모든 사람들은 행복하게 살기를 발원합니다. 그런데도 우리들은 잘 되는 일보다는 잘 안 되는 일이 훨씬 많습니다. 지나고 나면 마음대로 되는 일도 없고 고통의 자국들만 너절하게 그림자처럼 우리의 뒤를 따르고 있습니다.

잘 되기를 바라는데 잘 안 되는 것은 왜일까요?

부처님께서는 중생들이 하기 어려운 일들에 대해

"가난하면서 내 것을 남 주기가 어려운 일이요, 또 부귀영화를 누리면서 수행하기가 어려운 일이며, 생명을 돌보지 않고 도를 구하기가 어려운 일이며, 부처님께서 살아 계시는 때에 태어나기가 어려운 일이며, 색을 보고 참고 욕심을 버리기가 어려운 일이며, 좋은 물건을 보고 구하지 않기가 어려운 일이며, 권세나 재물을 가지고 있으면서도 세력을 믿고 거만하게 굴지 않고 겸손하기가 어려운 일이며, 남으로부터 천시와 멸시를 당하고 성냄을 눌러 참기가 어려운 일이며, 널리 배우고 공부하기가 어려운 일이며, 아만을 버리기가 참으로 어려운 일이며, 어질고 착한 친구를 얻기가 어려운 일이며, 마음을 언제나 평화스럽게 쓰고 자유롭게 살기가 어려우며, 옳고 그른 시비를 따져 말하지 않기가 어려운 일이며, 사람의 근기에 따라 처신하기가 어려운 일이며, 도를 배우고 깨달음을 얻기가 어렵다."
고 사십이장경에서 말씀하시고 계십니다.

　우리들이 어려움에 처해 있다는 것은 능히 어려움을 극복하려는 노력이 모자라기 때문이 아닐까요? 제 좋은 것만 골라서 먹으려고 하고, 제 편하면 남을 전혀 생각지 못하는 생활 방식이 결국은 고통이라는 수고를 감당하게 만드는 것입니다. 한 사람이 자유롭기 위해서는 수많은 사람이 불편해야 합니다. 또 상대적으로 한 사람이 어려움을 감당할 때 수천 사람이 행복하게 살 수도 있습니다. 석가세존 한 분의 난행 고행이 삼천 년 역사의 만 인류 만 중생의 희망과 삶의 보람으로 우리 곁에 큰 교훈을 주고 있습니다.

　　　내가 좀더 수고하여 남이 행복해질 수 있는 길, 그것이 사람으로서 살아야 할 도리가 아닐까요? 우리들이 어려움을 감당한다는 것은 참 행복을 구하는 일이 될 것입니다.

어려움 속의 행복

우상과 진리

　　　　이교도들의 끊임없는 도전으로 부처님의 거룩한 형상에 예배공양함이 우상으로 치부되고 있습니다. 그렇다고 불자들은 그들의 잘못된 생각에 흥분을 하거나 노여워할 필요는 없습니다. 세상 어디에서도 시비는 떠나지 않으니까요.
　부처님께서 불모이신 마야부인을 제도하시기 위하여 도리천궁으로 가시게 되었습니다. 그때 부처님을 뵙지 못한 파사익왕과 우전왕이 부처님에 대한 그리움이 사무쳐 그만 병을 앓아 자리에 눕게 되었습니다. 그러자 우전왕의 신하들이 임금님의 병을 낫게 하기 위하여 나라 안의 유명한 조각가를 불러서 높이가 다섯 자 되는 전단향으로 불상을 조성하여 모시게 되었습니다.
　훗날 부처님께서 도리천궁으로부터 내려오셔서 전단향 나무로 조성된 부처님의 상을 보시고 이렇게 말씀하셨습니다.
　"살아서는 눈이 밝고 죽어서는 천안을 얻으리라. 흰 동자와 검은 동자가 분명한 것은 부처님 형상 만든 공덕이라. 몸은 항상 구족하고 마음 또한 미욱하지 않아 남보다 뛰어난 힘 얻으니, 부처님 형상 만든 사람이니라. 또한 삼악도에 떨어지지 아니하고 천상에 태어나 하늘을 다스리는 임금님이 되나니, 그 또한 부처님 형상 만든 복이니라. 헤아릴 수 없는 복을 누리고 그 이름은 온 세상에 두루 퍼지리니 부처님 형상 만든 복이니라."

 우리가 믿고 따른다는 것은 결코 그 형상에 있지는 않을 것입니다. 가르침과 진리에 있습니다. 불상에 예배 공경함도 한결같이 부처님을 닮아가려는 간절한 원이 될 것입니다.

이야기합시다

부부란 이름으로 살면서 뜻이 맞지 않을 때 그 문제를 어떻게 풀어갈까요. 사람과 사람 사이에도 늘 기쁨과 미움이 교차하고 있습니다. 친구와 친구, 어른과 아이, 업주와 종업원이 서로 얽히고 얽혀서 관계를 맺어 가는 중에서도 누구나 감당해야 할 수고로움이 따르고 있습니다.

이런 문제를 부처님께서는 어떻게 가르쳐 주고 계실까요?

"서로 자주 만나서 얘기하라.

서로 하나로 화합하여 존경하고 뜻을 이루어 갈 수 있도록 하라.

계행을 닦아 욕심과 감정에 치우치지 말라.

나보다 남을 먼저 생각하고 자신의 문제를 뒤로 하라."

부처님께서는 이같이 말씀하셨습니다.

아주 어려운 가르침 속에만 불법이 있는 것은 아닙니다. 이러한 쉬운 가르침이 우리의 삶에 지남이 되고 있음을 느껴갈 때 부처님의 가르침은 시원한 청량제가 됩니다. '자주 보면서 이야기하라.' 하셨는데, 처음부터 상대를 몰아붙이려고 계획적으로 나쁜 짓을 하는 사람은 이미 사람이기를 포기한 것입니다.

원망과 질시란 자신이 상대를 믿지 못하는 불신에서 비롯되는 것입니다. 한편으로는 소리소문만 가지고 상대를 비난하기도 합니다. 서로의 진실을 얘기하고, 밝히려고 할 때 믿음이 있는 세상이 되고 또 서로 의지하는 이웃이 될 것입니다. 오해를 받지 않고 오해를 하지 않으려면 그 원인을 헤아려서 주체들끼리 만나 이야기를 해야 할 것이고, 그리하면 서로의 인생은 넉넉하게 될 것이며 서로의 관계를 복되게 할 것입니다.

자! 우리 만나서 얘기를 합시다. 서로 사랑하는 얘기, 또 때에 따라서는 원망하는 얘기도 하고, 또 서로 오해를 풀 수 있는 얘기를 자주 하다 보면 참으로 좋은 결과를 생산하게 될 것입니다.

보살의 길

만 갈래 법이 결국에는 한 곳으로 돌아간다고 합니다. 대중을 떠나갔다가도 대중 속으로 돌아올 수 있는 곳, 우리 생명을 돌려 받을 수 있는 곳, 부처님의 가르침이 중생의 품으로 돌아가는 곳이 가장 아름다운 법당이라고 생각합니다.

석가세존의 실천 고행의 대변자는 보살로서 자신을 포기하고 대중의 거름이 되고, 빛으로 돌아갔습니다. 자기가 수행하여 믿는 공덕마저도 중생들에게 돌려주고, 또 다른 고통 속으로 구원의 희망을 보여 주는 것이 우리가 가야 될 길입니다.

화엄경의 가르침에는

"보살이 착한 공덕을 지어 회향함은 일체 중생을 구원하되 중생의 짐을 들어주시니 온갖 고통을 면하게 하는 까닭이며, 일체 중생의 구호자가 되리니 모든 번뇌에서 해탈하게 하는 까닭이며, 모든 공포로부터 벗어나게 하는 까닭이며, 일체 중생의 휴양처가 되리니 온갖 지혜를 증득하게 하는 까닭이며, 광명이 되고자 하리니 은혜의 빛을 얻어 어리석은 생각을 버리게 하는 까닭이며, 등불이 되고자 하나니 끝까지 청정한 곳에 머무르게 하는 까닭이며, 길잡이가 되고자 하리니 그들로 하여금 절대 진리에 들게 하는 까닭이며, 대도사가 되고자 하나니 걸림 없는 큰 지혜를 베풀게 하는 까닭이다."

라고 했습니다. 즉 보살의 자비가, 중생에게 드리워진 회향하는 마음이 바다처럼 넓고 태산처럼 높아서 무엇과도 비교할 수가 없습니다. 중생이라는 차별심마저도 내지 아니하고 우리들의 행복과 지혜를 얻게 하는 대성보살의 행원이 얼마나 크고 한없는 것인가를 알게 합니다.

땅에 버려진 종이 조각 하나 줍는 마음이 보살 회향심을 연습하는 가장 작은 보살의 길이 아닐까요? 작은 보살의 길! 우리 다함께 보살의 길을 생각해 봅니다.

부처님의 길

좋아하지 않는 사람들을 좋아할 수 있는 사람, 미워하는 사람들을 미워하지 않을 수 있는 사람에 대해 생각해 봅니다.

우리는 늘 번뇌가 깨달음이라 말하고 있습니다. 그러나 그 번뇌를 깨달음의 양약으로 쓰는 사람이 없습니다. 괴로움 속에 살고 있으면서 그 괴로움을 모르고 사는 사람, 국자가 국 맛을 알 수 없듯이 괴롭다고들 하면서 괴로움에서 벗어나려는 노력이 없습니다. 좋은 일들은 쉽게 포기하면서 사람이 하지 말아야 할 나쁜 짓은 포기하지 않습니다. 장난 삼아 노름을 하면서 그것을 그만두지 못하고 결국에는 인륜을 저버린 폐인이 되고 고통 속에서 허덕이며 살아가기도 합니다.

좋은 습관은 당장 실천에 옮기고 나쁜 짓은 지금 당장 그쳐야 할 것입니다.

남들이 우리를 미워하더라도 우리는 미워하지 말고 따스하게 대해주고 그 미움으로부터 벗어나 진실로 행복하게 살자.

마음이 병든 사람 가운데 살더라도 병든 마음으로부터 벗어나 행복하게 살자.

탐욕스런 사람 가운데 살더라도 그 욕심으로부터 벗어나 행복하게 살자.

승리는 늘 원망을 가져오고 미움을 낳게 하나니 승리도 패배도 놓아버리고 참으로 만족하며 행복하게 살자. 육신으로 말미암아 감당할 수 없는 고통이 닥쳐오고 휴식보다 큰 재앙이 온다. 육신을 잘 다스리지 못하고 집착하는 데서 재앙이 온다. 이것을 바르게 하는 것이 최고의 행복이다.

건강보다 큰 선물이 없고 만족을 아는 것보다 큰 재산은 없을 것이다.

거짓 없는 진실이 가장 좋은 형제요, 고요한 마음이 최고의 행복이다. 고요한 곳에서 마음의 평온을 누리는 사람은 부러움과 재앙으로부터 벗어난다.

어리석은 사람과 긴 여행을 함께 하는 것은 마치 원수를 만나는 것과 같이 괴롭다. 그러므로 사람은 근면한 사람, 지혜로운 사람, 잘 참는 사람, 자기의 절제에 성실한 사람을 가까이 해야 할 것이다.

부처님께서는 늘 이렇게 말씀하고 계십니다. 우리의 생활 속에서 부처님의 길을 좇아 갈 수 있는 길은 내가 좋아하는 것보다는 남이 좋아하는 마음을 내는 것입니다.

너희가 부처다

만약 마음 밖에 부처가 있고 우리의 성품 밖에 진리가 따로 있다고 굳게 고집하여 불도를 구한다면, 이 같은 사람은 비록 티끌처럼 많은 세월을 몸을 태우고 온갖 고행을 닦는다 할지라도 모래로 밥을 짓는 것과 같아서 수행에 대한 공과도 없을 뿐더러 보람이 없으며 도리어 몸만 수고롭게 한다. －〈수심결〉

시대가 어지러울수록 사악한 무리가 판을 치고 정법은 흐려지고 사법이 유행하게 됩니다. 서로 다투고 싸움이 끝나지 않는 세계를 우리는 '아귀다툼한다' 이렇게 말하고 있습니다. 그리고 또 이런 세계를 아귀 세계라 하지요. 묘하게도 요즘 점복을 보는 사람들이, 또 여기에 의지하는 사람들이 유행병처럼 번지고 있습니다. 언론에서도 공공연히 이런 문제를 다루고 있는 모습들을 볼 때가 있습니다.

우리의 성품이 본래 불성임을 깨닫고 스스로 인생의 주체라고 할 때 쉼 없는 정진 수행만이 최선의 방도가 되어야 합니다. 결국 이런 일들은 욕심을 이기지 못하고 환영과 귀신의 노예가 되고 맙니다. 부처를 보면서 부처를 찾는 격이 되고 아기를 업고 아기를 찾는 멍청이가 됩니다.

  세상에 누구를 의지하고 누구를 믿고 산다고 얘기할 수 있겠습니까? 오직 부처님께서 말씀하신 것처럼 자신밖에 없습니다. 나머지 모든 일들 또한 현실 속에서 고통과 재앙이 동시에 그들의 삶을 노리고 있음을 우리는 깨달아야 합니다. 자신이 무한 능력을 가지고 있음을 믿어야 합니다. 깨달음의 세상, 또 성불을 믿고 실행하지 않고서는 결코 어떤 수행을 한다 하더라도 그 빛이 소멸하고 말 것입니다.

       부처님께서 일체중생은 실유불성이라 했습니다. 모든 생명 가진 이들이 다 부처의 진여실상임을 말씀하고 계십니다. 우리가 부처님에 대한 굳은 믿음을 가지고 세상을 살아갈 때 이 세상은 광명정토가 될 것입니다.

네 속에 내가 있다

사람은 늘 조화의 아름다움 속에서 살아가고 있다고 할 수도 있겠습니다. 자연의 수명을 따라 살고 있음을 알아차리고 있다는 것이 서로의 관계를 결정짓는 연기적 가르침이 아닐까 합니다.

우리는 흔히 보는 것, 배우는 것, 계율이나 도덕, 사색하는 것에 대해서 자신 안에서 어떤 결론을 내리고서 그것에만 집착한 나머지 그밖의 다른 것은 모두 뒤떨어진 것으로 안다. 사람이 어떤 일에 치중한 나머지 그밖의 다른 것은 모두 유치하다고 본다면 그것은 대단한 장애라고 진리에 도달한 사람은 말한다. 그렇기 때문에 수행성은 내가 지금까지 본 것, 배운 것, 사색한 것, 또한 계율이나 도덕에 구애를 받아서는 안 된다. 또 지혜에 대해서도 계율이나 도덕에 대해서도 편견을 가져서는 안 된다. 자기를 남과 동등하거나 남보다 못하거나 또한 뛰어나다고 생각해서도 안 된다. ―〈숫타니파타〉

혹 자기의 입장이나 집단의 입장만을 절대화하여 상대를 대하는 것은 가장 무서운 무기가 되곤 합니다. 자기 편리한대로 사물을 보는 것이 우선은 자신을 망하게 한다는 것을 알아야 합니다. 세상의 이치는 주고 받음이 가장 투명합니다. 어리석은 자들은 그것이 자기의 특권인 양 거들먹거리기도 하고, 또 그것이 자기에게 주어진 삶의 모습인 줄 착각하는 수도 있습니다. 그러나 이런 사람들은 늘 대중 속에서 소외를 당하고 맙니다.

  우리가 향하여 이룩해야 할 길은 서로 상부상조하는 연기적 관계에 놓여 있음을 알아야 합니다. 이웃의 삶 속에서 스승의 올바른 가르침을 배울 수 있고, 이웃의 삶 속에서 나의 참다운 생명을 느낄 수 있을 때 세상은 참으로 아름답고 향기로운, 살만한 가치 있는 세상이 될 것입니다.

겨울은 봄을 오게 한다

　　　　만물이 소생하고 새 생명으로 바뀌는 절기입니다. 그렇다고 성급한 마음으로 봄을 맞이해서는 안 되겠습니다. 좀더 기다리고 기다리면서 겨울에 해야 할 일들을 정리해야 될 시간입니다.
　오늘이 없는 내일은 있을 수가 없습니다. 봄이 아무리 좋은 계절이라 하지만 겨울이 없는 봄은 오지 않습니다.
　세상에는 시간을 낭비하거나 헛되게 보내는 사람도 많이 있습니다. 사람에게 있어서 인생이란 결코 길다고는 할 수 없습니다. 하루를 잘못 보낸다는 것은 하루를 고통으로 살아야 함을 의미합니다.
　부처님께서 살아 계실 때 사리만다는 다음과 같이 노래하였습니다.

　잠깐이라도 하루를 헛되이 보내지 말라.
　하룻밤을 잘못 지내고 나면 그만큼 그대의 생명이 짧아진다.
　걷고 있든, 서 있든, 침상에 누워 있든, 죽음은 다가온다.
　그대여, 지금 게으름을 피울 때가 아니다.

지금 어떤 생각을 하고 계시는지요? 앞으로 20년, 30년, 또 50년이 남았다고 말하는 사람은 자칫 인생을 헛보낼 수가 있습니다. 하루하루가 모여서 만들어진 시간이 인생입니다. 또 물이 방울방울 모여서 비를 내리고 강을 만들어 또 바다에 이르듯 순간이 모여 인생이 됩니다.

지금 이 순간이 가장 소중한 것입니다. 지금 이 순간에 노력하고 정진하지 않는 생활은 아무런 의미가 없습니다.

지장보살님

　　　마지막 하나 남은 자신의 옷을 벗어주시고 끝내 자신의 모습을 감추신 지장보살님. 우리가 지장신앙을 한다는 것은 지장보살의 대원을 본받자는 것이 될 것입니다. 한 번이라도 생각하고 한 번만이라도 지장보살님을 친견한다면 그 복이 한량없다고 말씀하시고 계십니다.
　경전에서는 지장보살님에 대하여 이렇게 말하고 있습니다.

　매서운 북풍이 몰아치고 진눈깨비가 내리는 어느 추운 겨울날, 지장보살님께서 길을 가시다가 추위를 이기지 못하여 죽음에 가까워진 거지를 만나게 됩니다. 그때 지장보살님께서는 당신이 입고 있던 옷을 벗어 거지에게 주고 나서 자신이 알몸이 되어버린 줄도 모르고 있다가 나중에서야 자신의 처지를 깨닫고는 땅 속으로 몸을 감추었다고 합니다.
　일찍이 부처님께서는 지장보살에게 수기하시기를
　"내가 열반에 들고 난 뒤에 고통 중생을 제도하실 분은 바로 지장 그대였노라. 백천만의 응하신 몸을 나투시오."

중생을 구원해 주신다는 사바세계 마지막 보살님. 지금 이 땅에 살고 있는 우리들에게 얼마나 다행스러운 일인지 모르겠습니다.

신앙을 하고 살아간다는 것은, 사람의 인생에 있어서 저 바다를 운항하는 선장이 나침반에 의지하듯이, 눈 어두운 이가 지팡이를 의지하듯이 사람이 나아갈 길과 같다 하겠습니다. 거룩한 형상을 우러러 예배 공양할 때, 또 향과 꽃과 과일 등을 지성한 마음으로 올릴 때 백천만 생에 큰 복락을 얻을 것이며, 이 공덕을 법계에 회향한다면 끝내는 무한한 행복을 얻어 삶과 죽음의 고통에서 벗어날 수 있는 것입니다.

자! 우리가 나아가야 될 저 언덕을 향하여 모두 함께 노를 저어 봅시다.

성품에는 차별이 없다

가르침의 진리에는 차별이 없는데, 우리가 살아가는 삶의 조직 속에서는 차별이 존재하고 있습니다. 또 그 차별 속에는 계급이 엄연히 버티고 있습니다. 그리하여 인간의 계급을 타파하여 절대 평등을 선포하신 분, 그 분이 바로 석가세존입니다.

요즘에는 학력이다, 재물이다, 명예다 하는 것의 위세가 많이 수그러지고 있습니다만 아직도 능력보다는 외형적 기준에 의해서 가치 결정이 되는 경우가 많습니다.

일찍이 부처님께서는 사성 계급제도가 있는 인도 사회의 천민 계급인 천타라에게 출가를 허락하셨습니다. 똥 치는 것을 업으로 삼는, 똥을 치워서 겨우 목숨을 부지하고 있는 그 천민 계급을 출가시키게 된 것입니다. 세존께서는 그를 보고 이렇게 말했습니다.

"너도 출가사문이 되겠느냐?"

천타라는 대답했습니다.

"예, 그리 하겠습니다. 그런데 부처님, 지옥 아귀 축생도 도를 이룰 수가 있습니까?"

부처님께서는 이렇게 말씀하셨습니다.

"내가 먼 옛날로부터 수 없는 수행을 닦아 불도를 이룬 것은 바로 죄와 고통에 빠진 사람을 구하기 위한 것이다."

부처님께서는 그 천타라를 데리고 기원정사로 돌아와서는 곧바로 사문이 되게 하셨습니다.

그 때 바사익왕이 이 소식을 듣고 '부처님은 석가족의 귀한 집에 태어났고 그 좌우의 제자들도 모두 장로 바라문 찰제리족들이다. 그런데 이제 천타라를 제자로 삼았다니 내 어찌 그를 대해 차마 굴복하고 예경하겠는가.' 하고 생각했습니다. 그러자 부처님께서는 다음과 같은 노래를 하시면서 바사익왕을 제도하시게 됩니다.

"큰 길 가에 버려진 쓰레기 진흙무더기 속에서 아름다운 연꽃이 피어나 꽃다운 향기를 피운 것처럼, 이와 같이 쓰레기 같은 어두움 속을 헤매는 중생들에게 지혜 있는 사람은 즐거이 나타나 거룩한 부처님의 제자가 되느니라."

부처님은 이 땅에 오셔서 우리의 성품 자성이 절대 평등함을 중생들에게 희망으로 가르치고 계십니다.

어리석은 생각

요즘 많은 사람들은 자기의 생각에만 사로잡혀 상대를 인정하려들지 않습니다. 열반경에 보면 부처님께서 편견에 빠져 있는 중생을 다음의 예로 교화하고 있습니다.
어떤 왕이 신하에게 명하였습니다.
"그대는 코끼리를 한 마리 끌어다가 맹인들에게 보여 주어라. 또 그들로 하여금 손으로 만지게 하고 코끼리가 어떻게 생겼느냐고 차례대로 질문을 하여라."
코끼리의 어금니를 만진 자가 대답하였습니다.
"코끼리는 갈대의 뿌리와 같습니다."
귀를 만진 자는 말하였습니다.
"부채와 같습니다."
머리를 만진 자는 바윗돌과 같다고 하고, 코를 만진 자는 절구통과 같다고 하고, 코끼리의 등을 만진 자는 평상과 같다고 하고, 배를 만진 자는 장독과 같다고 하고, 꼬리를 만진 자는 노끈과 같다고 했습니다. 결국 코끼리 자체를 얘기하지 못한 것입니다.
우리는 모두 장님과 같습니다. 눈으로 사물을 보되 볼 수가 없습니다. 우리가 배워서 안다는 것은 극히 부분적인 것에 불과합니다. 세상을 좀더 지혜롭고 복되게 살고자 한다면 철저히 어리석은 마음으로 돌아가야 합니다. 내 자신이 부족할 때 세상을 올바로 볼 수 있는 지혜가 생겨납니다.

'나는 아무 것도 모른다. 다만 부처님을 시봉하고 부처님의 은혜광명을 향하여 밝은 마음 내어 복 많이 짓고 살겠노라.' 이러한 마음가짐이야말로 세상을 올바로 볼 수 있는 올바른 지혜가 아닐까요?

앵무새의 효도

아무리 얘기해도 모자라고 아무리 봉양을 한다 해도 그 은혜를 다 알 수 없는 분, 바로 우리 부모님이십니다. 그런데도 많은 사람들은 부모가 나이 들어 거동이 불편하거나 병들어 계시면 짐스럽게 생각하는 경우가 있습니다. 우리의 생명은 부모로 말미암아 생겨나고 지탱되고 있는 것인데도 말입니다.

옛날 설산에 앵무새 한 마리가 있었습니다. 그 부모가 모두 눈이 멀어 앞을 보지 못하였지만 항상 좋은 과일을 따다가 봉양을 하였습니다. 그때 어느 밭 주인이 곡식이 처음 여는 것을 보면서 생각하기를 '모든 중생들과 같이 나누어 먹으리라' 하였습니다. 앵무새는 밭 주인의 이런 뜻을 알고 그 곡식을 뜯어다가 자기 부모를 봉양하였습니다.

후에 밭 주인은 새가 돌아다닌 발자국이 어지러운 것을 보고 화가 나서 그물을 설치하여 앵무새를 잡았습니다. 새는 원망하여 이렇게 말했습니다.

"보시할 생각을 하셨으므로 와서 먹었는데 어찌하여 이제 또 잡으려 하십니까?"

밭 주인이 물었습니다.

"곡식을 훔쳐다가 누구를 주었느냐?"
앵무새는 대답했습니다.
"눈 먼 부모가 계시므로 때에 맞추어 봉양하였습니다."
밭 주인은 크게 뉘우쳤습니다.
"날짐승까지도 부모를 효성스럽게 봉양하거늘 어찌 사람이 효도하지 않겠는가. 조금도 염려치 말고 여기서 가져가거라."

이웃의 이익을 위하여

'불교' 하면 '자비' 라고 생각합니다만, 그런데도 불교를 믿는 신앙인만큼 인색한 사람도 없다고 생각될 때가 있습니다.

분명 부처님은 세상 사람들이 그토록 누리고자 하는 부귀영화를 버리시고, 더욱이 처자 권속까지도 버리시고 설산에서 일체중생들의 이익과 행복을 위하여 난행고행자의 길을 걸어 가셨습니다. 그런데 우리들은 깨달음의 명제를 잘못 이해하고 있지 않나 의구심이 날 때가 있습니다.

깨달음은 결코 혼자만이 누려야 할 기득권이 아닌 줄 믿습니다. 깨달음이란, 중생들의 삶 속에서 빛이 되고 지남이 될 때 명실상부한 깨달음이라 할 수 있겠습니다.

부처님께서 바라나시의 녹야원에 계실 때 비구들에게 이렇게 말씀하셨습니다.

"나는 이미 천상과 인간으로부터 해방되었다. 너희들도 이제 천상과 인간으로부터 해방되었다.

너희들은 마땅히 중생, 즉 세간으로 나아가 그들을 제도하여 이익되게 하고 인간 세상에서나 천상에서 안락하게 하라.

또한 법을 전하러 갈 때 짝지어 다니지 말고 한 사람씩 한 사람씩 흩어져 다녀라. 나도 우주 별 나라로 가서 중생 세간에 법을 전하리라."

　　　　　아는 것만큼, 자신의 힘만큼 이웃과 함께 한다는 생각이 깨달음을 빛나게 할 수 있는 것으로 생각합니다.

모양에는 진실이 없다

 누구나가 출가하여 수행자가 될 수 있지만 또 그것이 쉽지만은 않습니다. 그렇다고 머리를 깎고 먹물 옷을 입어야만 수행자가 되는 것은 더욱 아닙니다. 다만 육진번뇌로부터 벗어나 수행자의 일원이 된다면 수행하기가 조금은 나아질 수 있다고 말할 수 있겠습니다.

 특히 요즘은 세속에서 처자 권속을 거느리고 열심히 생업에 몰두하면서도 수행의 높은 경지에 있는 분이 대단히 많습니다. 사문이 수행자의 길을 가는 것 못지 않게 멋스러운 삶이란 무엇보다도 성실히 살아가면서 신앙 생활을 하시는 대중의 삶이라고 생각합니다.

 부처님 당시에 한 농부가 수행자의 길이 멋스럽게 보이고 수월하게 생각되어 출가하게 됩니다. 그런데 막상 출가해서 승복을 입고 승단의 일원이 되었지만 결코 세상살이보다 만만치가 아니했는지, 무려 여섯 번씩이나 출가를 하고 환속을 하게 됩니다.

 이 과정에서 그의 아내는 임신을 하게 되고 결국 아내는 방탕한 생활을 하게 됩니다. 그 모습을 목격한 남편은 다시 한 번 일대 용맹심으로 출가하여 깨달음을 얻고 아라한이 되었습니다. 과거의 잘못된 삶을 알고 있는 동료들은 인정하려들지 아니했지만 부처님은 그의 장한 수행력과 깨달음의 세계를 인정하게 됩니다.
 죄업이 있다 해서 깨달음을 얻는 데 장애가 될 수는 없습니다. 오히려 그것을 기화로 한 일대 용맹심이 중요한 전기를 마련하고 있는 것입니다.

거북이와 백조

절에 들어서면 가장 먼저 눈에 띄는 글귀가 '정숙', '조용히 해 주십시오' 아니면 '침묵'일 것입니다. 말이 많은 세상은 어지럽습니다. 옛 사람은 '입은 재앙의 문'이라고 했습니다.

아주 옛날에 말하기를 몹시 좋아하는 왕이 있었습니다. 왕이 입을 열면 다른 사람은 전혀 말을 붙일 수가 없었습니다. 임금의 스승이 '어떻게 하면 왕의 저 버릇을 고쳐줄까?' 하고 궁리를 하던 차에 난데없이 궁전에 거북이 한 마리가 떨어져 박살이 나는 일이 벌어졌습니다. 이를 보고 왕이 스승에게 물었습니다.

"어떻게 거북이가 공중에서 떨어져서 죽었을까요?"

스승은 차근차근 설명을 했습니다.

"아마 이 거북이는 백조와 서로 믿고 의지하는 사이였을 것입니다. 백조가 거북이를 보고 히말라야로 데려다 주겠다고 하면서 거북이에게 나뭇가지를 물리고 공중을 날아가고 있었는데, 평소에 말이 많은 거북이가 입을 다물고 있을 수가 없어서 무엇인가 지껄이려다가 그만 나뭇가지를 놓아 버려서 공중에서 떨어져 이렇게 박살이 나서 죽게 되었을 것입니다."

그 후부터 왕은 말을 삼가게 되었다고 합니다.

말을 아끼고 지혜로운 사람은 능히 존경할 만한 사람이라고 할 수 있겠습니다.

삼륜청정

나누어 갖는 마음에 조건이 있어서는 아니 됩니다. 공양이란 맑고 깨끗해야 합니다.

부처님 당시에 거부장자인 발재누이 난다가 인색하고 삿된 견해를 가졌다고 소문이 자자했습니다. 마침 난다가 떡을 만들고 있었는데 빈두루존자가 걸식을 하게 되었습니다. 그때 난다는 빈두루존자에게 욕설을 퍼부으면서

"비구야, 내 눈 앞에서 사라지거라. 네 눈알이 빠지더라도 나는 끝내 너에게 보시하지 않겠다."

그러자 빈두루존자는 삼매에 들어서 신통력으로 두 눈을 빼게 됩니다. 난다는 더욱 화가 나서

"네가 공중에 거꾸로 매달리고 네 몸에서 연기가 나고 내 앞에서 죽더라도 끝내 밥을 주지 않겠다."

빈두루존자는 난다의 말대로 죽은 듯이 삼매에 들게 됩니다. 난다는 그만 두려운 마음이 생겼습니다. 이 유명한 사문이 죽게 되면 자신이 벌을 받게 된다는 생각이 들었던 것입니다.

"이 사문이 살아난다면 밥을 주겠는데……"

이렇게 중얼거렸습니다. 그러자 빈두루존자는 삼매에서 깨어

나 난다의 떡 공양을 받게 됩니다. 그런데 이상하게도 난다가 아까운 마음에서 작은 것을 주려 하면 작은 것이 도리어 큰 것이 되곤 하였습니다. 결국 빈두루존자는 난다를 데리고 부처님 전에 나아가 그 가르침을 받게 합니다.

늘 우리는 삼륜이 청정해야 된다고 합니다. 주는 마음, 받는 마음, 그리고 그 물건이 향기로워야 진정한 향기가 나게 됩니다. 우리는 조건이 따르고 이유가 있는 관념을 깨고 자유의 세계에서 살아가고자 부처님을 따라 수행하고 있습니다. 내 것이라는 한정된 것은 아침 이슬처럼 비쳤다가 사라지는 것입니다. 과연 우리를 구속하는 것은 어떤 것인지 우리의 생각을 돌려봅시다.

전생을 알아서 어디에 쓸까

　　우리는 과연 어떻게 왔다가 어디로 가는 것일까? 인생에 대해 조금만 사색을 한다면 이런 고민을 하게 됩니다.
　우리의 삶이 온통 죄업 덩어리 같다는 생각이 들 때도 있겠지요. 불교를 조금 안다는 사람들이 괴로움의 원인을 '전생에 어떠했기 때문이다'고 말하는 것을 종종 보게 됩니다. 또 많은 사람들은 이러한 문제로 철학관이라든지 무엇을 알아맞추고 점 보는 곳을 찾곤 합니다. 자신의 지금의 삶의 모습이 오직 전생의 길에만 그 원인이 있지는 않을 것입니다. 현재 괴롭고 고통스러우니까, 미래에 대한 불안과 고통의 무게 때문에, 과거의 업의 무게에 대해 의미를 찾고자 하는 자연스러운 발상일 것입니다.
　부처님께서 왕사성 죽림정사에 계실 때, 어느 날 비구들이 식당에 모여 서로 전생의 업에 대하여 말하고 있었습니다. 부처님께서는 천리통으로 비구들이 하는 얘기를 들으시고 곧장 식당으로 달려가시어 물었습니다.
　"너희들은 무슨 얘기를 하고 있었느냐?"
　비구들이 서로 얘기한 것을 말씀드리자 부처님께서 가르침을 주셨습니다.

"너희 비구들아, 전생에 관한 일들을 말하지 말라. 그러한 말들은 이치에 도움이 되지 않고 법에 보탬도 되지 않으며 지혜로운 일도 아니고 바른 깨달음은 더욱 아니어서 열반으로 향하는 데 아무런 이익이 없느니라."

거꾸로 매달린 것을 바르게 세우는 것이 불교입니다. 잘못된 생각을 바르게 세우는 것이 부처님의 가르침입니다.

물 한 방울, 밥 한 톨

불가의 식사 예법인 발우공양이란 식사 후 마지막 천수물을 가지고 발우를 씻고 아귀중생의 공양을 내놓는 것인데, 저도 처음에는 발우공양이라는 말부터 어색하고 정이 가지 않는 괴로운 일 중의 하나였습니다만 지금은 오히려 이것이 깨끗하고 또 수행자로서 참 좋은 식사법이라고 생각하고 있습니다.

얼마 전 학생들과의 수련법회에서 발우공양을 하기로 했는데, 익숙하지 못한 어린 학생들이라 발우 씻은 물이 구정물이 다 되었습니다. 도저히 이것은 아귀중생들에게 줄 수가 없으니 전 대중이 함께 나누어 먹기로 했습니다.

요즘처럼 깨끗이 하고, 먹는 음식이 풍부한 시대에 발우 씻고 남은 음식찌꺼기 떠 있는 그런 구정물을 여러 사람이 함께 나누어 먹는다는 것이 쉬운 일은 아닐 것입니다. 그런 상황이 되어서 구정물을 먹을 때에는 구역질도 나고 심지어 구토도 합니다만, 수련법회가 끝나고 나면 한결같이 음식을 소중하게 여기고 버리는 음식이 없다고 합니다.

아마 절에 와서 가장 먼저 배우고 가는 것이 밥 먹고 음식을 소중하게 생각하는 것이라고 할 것입니다.

어떤 통계에 따르면 우리나라에서 버리는 음식이 약 20%에 달한다고 합니다. 이 정도라면 우리 국민들 800만 명 정도가 능히 먹고 살 수 있는 양인데, 이 음식을 우리는 버리고 사는 죄악을 짓고 있습니다. 지금 이 순간에도 세계 곳곳에서는 하루 한 끼의 죽도 먹지 못해서 죽어 가는 사람의 생명이 너무나 많다고 합니다.

소심경에 보면 '한 방울의 물 가운데에도 팔만 사천의 생명이 있다.'고 하고 있습니다.

우리 한번 자신의 모습을 돌아봅시다. 나는 내 생명을 지탱하는 밥을 버리지 않고 공양을 하고 있는지! 참으로 물 한 방울, 밥 한 톨이라도 내 생명을 지탱하는 생명선으로 여고 감사한 마음을 가질 때 우리는 보다 나은 삶을 살아갈 수 있을 것입니다.

자연

사람을 흔히 환경의 동물이라고 합니다. 어떤 환경에서 자라나느냐에 따라 그 사람의 성품이 결정된다는 뜻이 되겠습니다. 우리의 조상들은 이런 연유로 가문의 전통에 대해서 중요한 의미를 두었습니다. 우리 불가에서도 어떤 스승의 가르침을 받느냐에 따라, 또 어떤 도반을 만났느냐에 따라서 깨침의 미학이 많은 차등을 보인다고 합니다.

어떤 환경보다도 중요한 것은 자연 환경이라 할 수 있겠습니다. 요즘처럼 도시의 번잡한 삶에서 보면 산사의 자연 환경 그대로가 많은 사람들의 쉼터가 됩니다. 산과 숲과 물과의 조화로운 환경이야말로 인간의 밝은 성품을 계발하는 더 없는 스승이 아닐까 생각됩니다. 자연의 파괴는 곧 인성의 파괴와 직결된다는 것을 우리 모두는 알아야겠습니다.

법구경에 이런 가르침이 있습니다.

인간은 자연을 이용하기를 꿀벌이 꽃가루를 채집하듯 하라. 꿀벌이 꽃의 아름다움이나 향기를 다치는 일이 없듯이, 사람은 자연을 이용할 때 자연의 풍요로움이나 아름다움을 오염시켜서도 안 되며, 자연에게서 회복력과 활력소를 빼앗아서는 더욱 안 된다.

'산은 산이요, 물은 물이라'고 말씀하신 자연의 노래를 새겨 보면서 우리를 감싸고 있는 우리의 환경을 살펴봅니다.

모두가 그대의 것이네

　　　　세상을 살다보면 남으로부터 받을 것도 있고 때에 따라서는 물리쳐야 할 것도 있습니다.
　어떤 장자가 찾아와서 부처님께 마구 욕설을 퍼부었습니다. 한참동안 그 욕을 다 듣고 난 뒤에 조용하고도 엄숙하게 부처님께서 그 건달 장자에게 이렇게 질문을 합니다.
　"만일 어떤 손님이 그대를 찾아 왔을 때 그대가 손님에게 선물을 주었다고 하자. 그런데 그 손님이 선물을 받지 않는다면 그 선물은 누구의 것이 되겠느냐?"
　"물론 그것은 나의 것이 된다."
　"그와 똑같다. 네가 나에게 욕을 퍼붓고 못된 짓을 했지만 나는 그것을 받지 아니했으니 그것은 너의 것이 된다."
　건달 장자는 곧 잘못을 빌어 용서받고 아들의 출가를 허락하고 자신은 재가 신도가 되었다는 얘기입니다.
　선물이란 사람과 사람 사이에 돈독한 정을 가꾸는 데 좋은 다리가 된다고 할 수 있겠습니다. 그런데 많은 사람들은 선물 때문에 고민도 하고 괴로움을 받기도 합니다. 과연 우리들은 어떤 선물을 주고 받는 것이 삶에 활력이 될까요?

좋은 선물은 나누어주되, 정이나 신의를 저버릴 소지가 있는 것은 신중하고 올바르게 판단할 수 있는 지혜가 필요합니다. 진실한 마음이 담긴 선물을 서로 주고 받는 가운데서 우리 인간 공동체가 보다 넉넉한 세계로 만들어 질 수 있을 것입니다.

고기를 살리고 나는 죽겠다

우리의 생명에는 가볍고 무거움이 없습니다. 생명은 결코 다른 생명을 죽여서는 안 됩니다. 생명은 생명으로서 절대성을 가지고 있습니다.

부처님 당시에 아주 수행력이 높은 두 비구가 있었습니다. 그들은 절친한 도반으로서 부처님의 법문을 듣기 위하여 부처님께서 머물고 계시는 사위성으로 먼 길을 떠나게 되었습니다.

사위성으로 가는 길은 며칠을 걸어야 되는 들판도 지나야 하고 사막도 지나야 했습니다. 나무도 풀도 자라지 않는 그러한 곳을 불볕 더위를 받으며 며칠을 걷다보니 마실 물이 떨어져 더 이상 갈 수가 없게 되었습니다. 마침 그들 옆에 조그마한 웅덩이가 있었는데 겨우 고기 몇 마리가 목숨을 부지하고 살고 있었습니다.

한 수행자가 말했습니다.

"내가 이 물을 마시면 이 고기들은 죽고 만다."

또 다른 수행자는

"내가 이 물을 마시고 부처님을 뵙고 깨달음을 얻게 되면 이 고기들에게 큰 공덕이 될 것이다."

며 의견이 갈리게 되었습니다.

그리하여 한 수행자는 사위성을 눈 앞에 두고 목숨을 거두게 되고, 다른 한 수행자는 물을 마신 뒤에 부처님을 뵙고 많은 대중들과 함께 부처님의 가르침을 듣게 되었습니다. 부처님의 말씀을 들은 수행자는 깨달음을 얻은 뒤에 함께 오지 못한 도반을 생각하며 슬픈 눈물을 흘리게 됩니다.
 이러한 사실을 알게 된 부처님은 이렇게 말씀하셨다고 합니다.
 "장한 이여, 그렇게 슬퍼하지 말라. 너의 벗은 벌써 하늘 사람이 되어 그대보다 앞서서 여래의 법문을 듣고 있다."

 우리 인간의 생명이든 동물의 생명이든 죽이고 살리는 권능은 누구에게도 주어져 있지 않다고 생각됩니다. 다만 여래의 법수레가 굴러갈 뿐입니다.

믿음은 가장 큰 재산

　　부처님께서 마가다국에 계실 때의 어느 날, 광야라는 야차가 문안하고 여쭈었습니다.
　　"온갖 재물 가운데 무엇이 제일이며, 어떠한 선행을 닦아야 즐거운 과보를 받게 되나이까? 많은 아름다움 가운데 무엇이 제일이며. 많은 수명 가운데 무엇이 제일입니까?"
　　부처님께서는 이렇게 말씀하시고 노래하셨습니다.
　　"사람이 가진 재산 가운데 믿음이 제일이요, 법을 닦는 사람이라야 즐거움을 누릴 것이며, 거짓 없는 진실한 말이 가장 아름답고, 지혜의 수명이 목숨 가운데 제일이로다."
　　광야는 다시 여쭈었습니다.
　　"누가 거센 물결을 건너고, 누가 큰 바다를 건너며, 어떤 사람이 고통을 버릴 수 있고, 어떤 사람이 청정함을 얻나이까?"
　　부처님께서 다시 이렇게 말씀하셨습니다.
　　"믿음이 있어야 거센 물을 건너고, 게으르지 않아야 바다를 건너며, 수행에 힘써야 고통을 떠날 수가 있고, 지혜로워야 청정함을 얻느니라."
　　믿음의 재산은 무엇과도 바꿀 수 없는 영원을 살아가는 보배입니다. 법에 대한 믿음은 여의보주의 가치라 할 수 있습니다. 사람에 대한 믿음은 능히 세상을 밝히는 빛이 될 것입니다. 서로 믿고 살 수 있다는 것은 어떤 재산보다도 소중한 보배라 할 수 있겠습니다.

  나는 나 외에 다른 사람에게 얼마만큼 믿음이 있는지, 자신의 마음을 들여다보는 시간이 되었으면 합니다.

먼저 할 일, 나중에 할 일

세상에서 무엇이 급하고 급한 일일까요? 아마 생명을 보존하는 것보다 급한 일은 없을 것입니다.
부처님께서는 중아함경에서 이렇게 가르침을 주고 계십니다.

어떤 사람이 독 묻은 화살을 맞아 견디기 어려운 고통을 받고 있을 때, 그의 가족들은 곧 의사를 부르고 그 화살을 뽑고자 했습니다. 그런데 그가 말했다.
"아직 이 화살을 뽑아서는 안 되오. 나는 그 화살을 쏜 사람이 누구이며, 또 이 화살은 뽕나무로 만들었는지, 또는 어떤 다른 나무로 만들었는지 알아야겠소. 그리고 또 화살 깃이 매털로 되었는지 닭털로 되었는지 먼저 알아야겠소."

만약에 이와 같이 따지고 든다면 그 독은 이미 그 사람을 죽게 만들고 말 것입니다.
우리가 볼 때 '세계는 영원하다' 거나 '무상하다' 고 말하는 사람에게도 생로병사와 근심 걱정은 늘 있습니다. 유한한 것이라고 말하지 않는다 하더라도 그것은 이치와 법에 맞지 않으며 수행이 아니어서 지혜와 깨달음으로 나아가는 길이 아니고 또 열반의 길도 아니기 때문입니다. 우리가 한결같이 말하는 것처럼 괴로움과 그 원인과 그것의 소멸과 괴로움을 소멸하는 길을 알아야 합니다.

"너희들도 이렇게 알고 배워야 한다."

진정 우리에게 급한 것은 모양이나 또 명예나 권력이 아닐 것입니다. 우리들 스스로에게 주어진 생명을 보존하는 일이 가장 급하고 급한 일이 될 것입니다.

진정한 스승

　　사람이 살다 간 뒤끝에는 여러 가지 평가가 나옵니다. 석가세존의 모습도 여느 수행자들과 크게 다를 바가 없겠습니다만, 당신이 살다 간 그 뒷자리는 만 사람들의 은혜와 생명의 빛이 되었습니다. 발우를 한 손에 드시고 너털너털 휘적휘적 길을 가시면서 차례대로 밥을 비시고, 또 정사로 돌아와서는 대중과 공양하시고 발을 씻으시고 자리에 앉아 계시는 그 조용한 모습, 그 평화로운 모습들이 그리워지는 시간입니다. 여래는 오직 길을 가르치는 것입니다.

　　세존께서 열반에 들기 전 아난존자에게 이렇게 말씀을 하셨습니다.

　　"너희들 중에 '우리 스승의 말씀은 끝났다. 우리 스승은 이제 없다.'고 하는 사람이 있는지 모르나 그렇게 생각하는 것은 잘못이다.

　　나의 육체는 여기에서 끝난다 할지라도 나의 가르침은 영원히 살아 있다. 그러므로 나의 육체를 보는 자가 나를 보는 것이 아니라, 나의 가르침을 아는 자야말로 나를 보는 것이다.

　　내가 간 뒤에는 그 동안 내가 너희들에게 풀이해 주었던 가르침과 경계만이 너희들의 스승이다. 이것을 잘 지켜 너희들의 스승으로 삼도록 하여라."

　부처님은 마지막까지 오직 진리에 의해서 오욕과 칠정으로 고통을 받지 아니하고 깨달음의 세계를 열어 가는 길을 가르쳐주고 계십니다. 일상의 삶 속에서 부처님의 한량없는 은혜의 빛을 생각해 봅니다.

좋은 묘자리

　　　　조선시대에 유교적 사상에 바탕을 둔 정치, 경제, 인문, 지리 등이 지배할 때 우리는 끊임없이 조상을 좋은 묘자리에 매장하기를 간절히 서원하였습니다. 이름하여 풍수지리에 근거를 두고 죽음까지도 감당하면서 묘자리를 잡아야 했고, 또 그렇게 믿고 있었습니다. 일시적인 부귀영화는 누리고 살았는지는 모르겠지만 참으로 좋은 묘자리에 조상을 모셨다면 요즘처럼 사람이 사람 구실을 못하고 학문은 땅에 떨어지고 자신의 출세를 위해서 부모의 생명까지도 소홀하게 생각하는 불효자들이 속출하는 것은 무엇 때문인지 의문이 듭니다.

　착한 일을 하면 반드시 그 복은 지은 데로 돌아간다는 옛사람들의 가르침을 벗어날 수가 없습니다. 한 나라의 지도층이 된 사람들이 무엇이 모자라서 조상 묘자리를 옮겨야 하는지, 또 그 와중에 웃지 못할 일들이 있다고 하니 인생의 목적 의식이 어디에 있는지 궁금하기만 합니다.

　벼슬이 높거나 낮거나 그것을 가지고 인간을 평가할 수는 없습니다. 다만 사람의 인격을 두고 사람을 평가하는 기준을 설정해 볼 수는 있을 것입니다.

부처님께서는 이렇게 말씀하고 계십니다.

"이 대지 위에 시체가 화장되지 않은 곳이나 무덤이 아닌 곳, 뼈가 뒹굴지 않은 곳이란 한 곳도 없느니라. 다만 친절과 진실, 정의와 자비, 그리고 극기가 있는 곳, 그곳이 바로 죽음이 없는 곳으로 사는 문이니, 각자마다 영혼을 거룩하게 하느니라."

세상에서 가장 좋은 명당은 자신의 삶의 결과임을 알아야 할 것입니다.

오늘 일은 오늘 해야 한다

늘 사람들은 자신은 지혜롭다고 생각합니다. '나는 이만하다. 무슨 사람이 저렇게 바보스럽게 행동을 하는가.' 하며 자신은 바보가 아닌 것처럼, 남을 바보처럼 생각합니다.

비유경에 보면, 한 어리석은 사람이 있었는데 그는 잔칫날을 앞두고 손님들에게 대접할 우유를 짜 모으다가 문득 이런 생각을 하게 됩니다.

'날마다 우유를 짜서 모으면 저장할 그릇도 마땅치 않고 그 맛도 또한 변할 것이다. 그러하니 아예 소 뱃속에 우유를 고이도록 놓아두었다가 한꺼번에 짜는 것이 좋겠다.'

그래서 그는 어린 송아지마저 따로 떼어두고는 한 달이 지나 잔칫날에 소를 끌고 와서 계속 우유를 짜려고 했습니다. 그러나 젖은 나오지 않았습니다. 한 달 동안이나 젖을 짜지 아니해서 젖이 그만 말라붙고 말았던 것입니다. 그 잔치에 온 많은 사람들은 그러한 얘기를 듣고 다들 주인을 비웃게 됩니다.

어리석은 사람도 이와 같습니다. 남에게 도움을 주려다 말고 '재산이 모이면 그 때 가서 한꺼번에 남에게 큰 일을 보시하리라. 큰 도움을 주리라.' 이렇게 생각을 합니다. 그러나 재산이 많이 모이기도 전에 물이나 불로, 혹은 실수나 도둑의 약탈로 인해서 잃어버리게 될 수도 있습니다. 또는 갑자기 죽기도 합니다.

오늘 수고하고 노력하면서 사는 지혜, 젖소가 하루하루 알맞게 우유를 만들듯이 우리의 삶의 모습도 매일 수행을 거르지 않는 부지런함 속에 삶의 안정이 찾아들 것입니다.

차 한 잔 합시다

양력 사월 이십일은 곡우절입니다. 우리 불가에서는 녹차를 많이 마십니다. 이 날을 기점으로 해서 오일 내지 십일에 차잎을 따서 차를 생산하는 날입니다.

원효스님 같은 분은
"차가 있으면 좋고 또 없어도 좋다."
고 하셨습니다. 아마 그 연유는 이러한 것 같습니다. 일본이나 중국 같은 곳에서는 생수를 먹을 수가 없으니까 차를 끓여서 음료수로 먹어야 합니다. 그러나 우리나라는 아주 복 받은 땅이 되어서 어느 곳에서나 물을 식수로 쓸 수 있는 그러한 나라였나 봅니다.

차 이야기가 나왔으니 오늘은 중국 조주선사와 차에 대한 이야기를 한 번 생각해 보겠습니다.

어느 날 한 수행자가 조주선사를 뵙고 불법의 대의를 묻고자 했습니다. 그 때 조주선사께서는
"여보게 친구. 차나 한 잔 하지."
할 뿐이었습니다. 또 다른 사람이 와서 조주스님께 법을 묻는다 하더라도 항상 그 법을 묻는 이에게

"여보게 친구. 차나 한 잔 하지."

늘 그렇게 '차 한 잔 하지'라고 선사께서는 대답을 하게 되었습니다. 보다못한 시자스님이

"스님, 좀 자상하게 가르침을 일러주시지요?"

라고 하자 그 때도 스님은

"응, 그래. 자네도 차 한 잔 하지."

라고 하시는 것이었습니다.

저희들로서는 감히 큰스님의 그 깊은 뜻을 알기 어렵습니다만, 우리들도 오늘 벗들이나 또 다른 종류의 사람을 만난다 하더라도 그저 차 한 잔 하는 여유로운 마음을 가질 때 우리의 삶이 얼마나 넉넉해지겠습니까? 우리들도 만나는 모든 친구들에게 차 한 잔 권하는 기쁨을 누릴 수 있는 자리를 만들어 봅시다.

분별을 떠난 공양

　　　　누구에게 줄 것인가? 공양을 한다 해서 다 공양이 될 수는 없습니다. 나누어 가지는 것은 상대에 따라, 그 쓰임에 따라 빛이 될 수도 있고 퇴색될 수도 있습니다.
　부처님께서는 복전의 낫고 못함에 대해, 공양의 공덕에 대해 이렇게 밝히고 계십니다.

　백 사람의 악한 사람을 공양하는 것보다는 착한 사람 한 사람을 공양하는 것이 낫고, 착한 사람 천 명을 공양하는 것보다는 오계를 지키는 한 사람을 공양하는 것이 낫고, 만 명의 오계를 지키는 사람을 공양하는 것보다는 한 명의 수다원을 공양하는 것이 낫고, 십만 명의 수다원을 공양하는 것보다는 한 명의 사다함을 공양하는 것이 낫고, 천만 명의 사다함을 공양하는 것보다는 한 명의 아나함을 공양하는 것이 낫고, 일억의 아나함을 공양하는 것보다는 한 명의 아라한을 공양하는 것이 낫고, 십억의 아라한을 공양하는 것보다는 한 명의 벽지불을 공양하는 것이 낫고, 백억의 벽지불을 공양하는 것보다는 부처님 한 분을 공양하는 것이 낫고, 천억의 부처님을 공양하는 것보다는 생사고락의 모든 차별

법을 초월하고 닦을 것도 없고 얻을 것도 없는 자성을 깨친 사람 한 명을 공양하는 것이 낫다.

부처님께서는 늘 삼륜이 청정해야 한다고 말씀하고 계십니다. 절 모르고 시주한다고 합니다만, 참다운 공양이란 주는 사람, 받는 사람, 그 물건이 함께 깨끗해야 할 것입니다.

성내는 마음이 지옥이다

중생은 그 누구이며, 부처는 누구일까요? 그리고 삼악도는 어디에 있을까요?
조선시대에 이 문중의 큰 스승이었던 서산대사는 이렇게 노래하고 계십니다.

만약에 불성을 보고자 하거든 마음이 바로 불성인 줄 알고, 만약에 삼악도를 면하고자 한다면 마음이 삼악도인 줄 알라.
정진이 석가모니요, 곧은 마음이 아미타부처님이요, 밝은 마음이 문수보살이요, 원만한 행이 보현보살이요, 자비로움이 관세음보살님이요, 시자가 바로 대세지보살이다.
성내는 마음이 바로 지옥이요, 탐내는 마음이 바로 아귀이며, 어리석은 마음이 바로 축생이요, 음욕과 살생도 또한 그러하다. 일으키는 마음은 마군이요, 일어나지 않는 마음은 옴 마군이요, 일어나기도 하고 일어나지 않기도 하는 그것을 이름하여 번뇌의 마군이라 한다.
그러나 우리의 바른 법 안에는 본래 그러한 일이 없으니 그대는 그같은 줄 알았거든 쾌히 건강에 칼을 잡고 한 생각 속으로 빛을 돌이키면 모든 법이 다 될 것이다. 환을 이루는 것도 병이 될 수 있으니 모름지기 한 생각을 놓아버려라. 놓아버리고 놓아버리면 본래의 천진면목이 나타날 것이다.

자, 무엇을 놓아야 할지 모르고 살고 있는 윤회의 굴레에서 허덕이는 우리 중생, 조용히 자신의 참모습을 돌이켜 생각해 봅니다.

상대의 좋은 점

사람을 사랑하는 것보다 아름다운 일도 없을 것입니다. 또 사람을 미워하는 것보다 괴로운 일도 없을 것입니다. 부처님은 이렇게 말씀하셨습니다.

첫째, 어떤 사람이 몸의 행은 깨끗하지 않으나 입이 깨끗하면, 그 몸의 더러움을 두고 밉다는 생각 말고 다만 입의 깨끗함만을 생각하면서 미운 마음이나 성내는 마음을 없애도록 하라.
둘째, 어떤 사람이 몸의 행은 깨끗하나 입이 더러우면, 입이 더럽다고 밉다 생각 말고 다만 몸의 깨끗함을 생각하여 성내는 마음을 없애도록 하라.
셋째, 어떤 사람이 몸도 입도 깨끗하지 않으나 마음이 깨끗하면, 그 마음을 보고 몸과 입이 깨끗하지 못하다고 밉다는 생각 말고 미운 마음이나 성내는 마음을 없애도록 하라.
넷째, 만일 어떤 사람이 몸의 행도 입과 뜻의 행도 깨끗하지 않거든, 그것을 두고 밉다는 생각을 말고 다만 가엾이 여기고 사랑하는 마음을 가짐으로써 그에 대한 미운 마음이나 성내는 마음을 없애라.

다섯째, 만일 어떤 사람이 몸의 행과 입과 뜻의 행이 깨끗한데도 그가 미운 데가 있거든, 다만 그 몸과 입과 뜻의 깨끗함을 생각함으로써 그에 대한 미운 마음이나 성내는 마음을 없애도록 하라.

　　　　　우리가 세상을 살고 있으면서 자신으로 인해 생기는 괴로움보다는 남으로부터 일어나는 괴로움이 더 많을 것입니다. 남을 미워하는 마음은 얼마나 괴로울까요? 우선 상대의 좋은 점을 보는 연습을 해야 할 것입니다. 그 사람의 장점을 얘기하는 것이 우리가 상대로부터 받는 괴로움에서 벗어나는 길이 될 것입니다.

정치가 바로 서면 백성이 나라를 믿는다

한민족의 역사가 시작된 이래 가장 문화적 환경이 빛났을 때는 원효, 의상스님이 계실 때라고 하겠습니다. 오천 년 역사를 지탱해 오면서 실로 원효, 의상의 비중은 밝고 크다고 할 수 있겠습니다.

계율을 생명처럼 생각하고 살아가시는 의상대사가 제자들에게 화엄경을 가르치고 있을 때, 소문은 나라 안에 퍼지고 멀리는 중국에까지 전해졌다고 합니다. 이 자랑스런 얘기를 전해들은 문무대왕은 감사한 마음으로 많은 땅과 노비를 내리고자 했습니다. 그러나 의상대사는 단호히 다음과 같은 이유를 들어서 거절하게 됩니다.

"부처님의 가르침은 높고 낮음을 평등으로 보시고, 신분의 귀하고 천함을 한 가지로 봅니다. 그런데 수행자로서 어찌 그 많은 땅과 노비를 소유할 수 있겠습니까? 저희는 덮개를 집으로 삼고 밭 갈며 발우 하나 의지하고 곡식이 익기를 기다립니다."

역사 이래 가장 훌륭한 스승의 살림살이입니다.

또 한번은 문무대왕께서 백성들을 동원하여 성곽을 쌓는 일에 몰두하고 있었는데 백성들의 고통이 참으로 심했습니다. 그래서 의상대사는 다음과 같은 상소문을 올리게 됩니다.

"임금의 정치가 바로 서고 밝다고 할 때는 푸른 언덕 땅에다 금을 그어서 성이라 하여도 백성들은 감히 넘지 못하고 재앙은 사라지고 복이 된다고 하였습니다."

요즘의 정치 현실과 지도자들의 모습을 볼 때 격세지감을 느낄 수가 있습니다.

진정한 친구

　　　　어떤 친구를 참된 친구라 할 수 있을까요? 우리들 어릴 적에는 친구라는 말보다는 동무라는 말이 많이 쓰여졌습니다.
"동무 동무 씨동무 보리가 나도록 씨동무"
　참으로 아름다운 추억이 있는 얘기입니다. 우리는 우리의 것을 찾아야 할 때가 왔다고 생각됩니다. 북한 사람들이 주로 사용한 다고 해서 언어의 용처까지도 다르게 해야 된다는 것은 이해할 수 없는 일입니다. 아픈 역사의 질곡을 벗어나 삶의 동질성을 회복하는 것은 우리들이 풀어가야 할 중요한 문제라고 생각됩니다.
　유마경 불구품에 '진정한 벗이란 상대방을 기다리지 않고 자진하여 그 친구가 되는 사람이니, 흡사 어머니가 그 갓난애 있는 곳에 달려가 지켜주는 것과 같다.'고 말씀하고 계십니다. 청함을 받고 벗이 되는 경우도 있을 것이며 스스로 원하여 벗이 되는 수도 있을 것입니다. 좋은 친구를 가진다는 것은 인생에 있어서 최대의 행복임에 틀림이 없습니다. 아난존자도 '좋은 사람 만남은 행복'이라 하셨습니다.
　인생의 근본이라 할 수 있는 부부도 친구라고 볼 수 있겠습니다. 사랑과 존경이 있는 부부가 된다면 더 이상의 행복이 없을 것입니다.

　우리는 모두가 형제입니다. 한 하늘 아래서 동업중생으로 살고 있는 형제입니다. 신뢰와 믿음이 있고, 사랑할 수 있고, 존경할 수 있는 친구가 많다는 것은 행복으로 가는 가장 요긴한 문이 될 것입니다.

당신의 허물도 사랑하리

어떻게 보면 사람은 사랑을 먹고 산다고 할 수 있겠습니다. 봄에 피어나는 연푸른 풀잎 같은 여린 마음, 모질지 못해서 아프게 살아가는 사람들, 괴로움 당하고 가슴 아파 하는 이런 모든 얘기들이 사람과 사람 사이에 일어나는 미움과 사랑이란 이름 앞에서 비롯됩니다.

심신명에 보면
"사랑하고 미워하는 마음 없어지면 뚝 틔어 모든 것이 분명하리라."
라고 하셨습니다. 얼마나 좋을까요? 사랑하고 미워하는 마음 없으면.

'그대가 나를 사랑하니까 못이기는 체 따라가는 것이다.' 그런 마음들은 장사꾼의 마음보다도 더 계산적이라 할 수 있겠습니다. 서로 주고받는 것, 돌아오는 것을 생각하는 마음이 없을 때 우리는 배신감에서 헤어날 수가 있습니다.

"우정이 끊어질까 염려하고 걱정하면서도 친구의 결점만을 보는 사람은 친구가 아니다. 아기가 엄마의 품에 안기듯이 그 사람을 의지하고 다른 사람 때문에 거리가 멀어지지 않는 사람이야말로 진정한 친구다."

이렇게 부처님께서는 말씀하고 계십니다.

　　　🍃　아무리 아름다운 꽃도 그 잎이 떨어지면 지저분하게 느껴집니다. 그렇습니다. 추하고 더러움, 그것마저도 사랑할 수 있을 때 우리는 자유스러울 수 있습니다. 사람이 사랑한다는 것은 편안하고 자유로워야 합니다. 그 사람의 결점과 허물마저도 우리 마음속에서 멋스러운 감정으로 다가올 때 참사랑이라 하겠습니다.

무소의 뿔처럼 혼자서 가라

　　　　인도의 무소는 뿔이 하나밖에 없다고 합니다. 아주 사납고 용맹있는 놈으로 우리는 알고 있습니다. 어쩌면 수행자의 길도 그러할 것입니다. 대중 가운데 있으면서도 혼자일 수밖에 없는 것이 수행자의 길입니다.

또 중생과 보살이 다른 것은, 중생은 애착하고 집착하는 것으로 그물처럼 얽히고 설켜서 살아간다고 볼 수 있겠고, 보살은 모든 생명을 자식처럼 여기되 홀로 가는 길을 알아 자유자재한다고 보겠습니다. 항상 우리에게 문제가 되고 있는 것은 홀로 갈 수 없는 인과 관계를 맺고 있기 때문이라고 하겠습니다.

부처님께서는 숫타니파타에서 이렇게 가르침을 주시고 계십니다.

무소의 뿔처럼 혼자서 가라. 서로 사귄 사람에게는 사랑과 그리움이 생긴다. 사랑과 그리움에는 괴로움이 따르는 법, 연정에서 근심걱정이 생기는 줄 알고 무소의 뿔처럼 혼자서 가라.
숲 속에서 묶여 있지 않은 사슴이 먹이를 찾아 여기저기 다니듯이 지혜로운 이는 독립과 자유를 찾아 무소의 뿔처럼 혼자서 가라.

　욕망은 실로 그 빛깔이 곱고 감미로우며 우리를 즐겁게 한다. 그러나 한편 여러 가지 모양으로 우리 마음을 산산이 흐트려 놓기도 한다. 욕망의 대상에는 이러한 근심걱정이 있는 줄 알고 무소의 뿔처럼 혼자서 가라.

　서로 다투는 철학적 견해를 초월하고 깨달음에 이르는 길에 도달하여 도를 얻는 사람은 '나는 지혜를 얻었으니 이제는 남의 지도를 받을 필요가 없다'고 하라. 무소의 뿔처럼 혼자서 가라.

　탐내지 말고 속이지 말고 갈망하지 말고 남의 덕을 가리지 말고 혼탁과 미욱을 버리고 세상의 온갖 애착에서 벗어나 무소의 뿔처럼 혼자서 가라.

　오늘은 혼자가 한번 되어 보십시오. 혼자가 되어서 스스로의 모습을 한번 챙겨 보십시오. 우리가 진실로 돌아갈 수 있는 자리는 홀로 있는 그 자리일 것입니다. 혼자일 때 진정 참된 자유와 사랑을 느낄 수 있을 것입니다.

　어떤 선사는 이렇게 말하고 계십니다.

　"고독해 보지 않고서는, 혼자 있어 보지 아니 하고는 참사랑을 알 수 없고 수행자의 길을 갈 수도 없다."

생활 속에 도가 있다

하루 종일 봄을 찾아 다녔으나 봄을 찾지 못했네.
산과 들 높고 낮은 데 아니 가본 곳 없는데
지친 몸 이끌고 집으로 돌아와 쪽마루에 앉았으니
뜰 앞 매화나무 가지에 봄이 가득 품어 있었어라.

중국 송나라 때의 시 한 수를 풀어 보았습니다. 봄이 왔다면 그 봄을 만날 수 있을 것으로 믿고는 도시락을 싸들고 아침부터 저녁까지 하루 종일 봄을 찾아 다녔는데, 이 산에서 저 산으로 들을 지나 강을 건너서 봄을 찾아 헤매고 다녔으나 짚신만 닳아 떨어지고 헛고생만 했는데, 발을 질질 끌고 집으로 돌아와 보니 뜰 앞의 매화나무 가지 위에 봄은 가득하더라는 것이지요.
  우리는 여기서 봄을 우리가 찾고자 하는 부처의 세계, 깨달음이라고 말할 수 있겠습니다. 사람에 따라서는 사랑하는 사람, 만나고 싶은 애인이 될 수도 있겠고, 또 부자가 되고 싶은 이들에게는 재물이 될 수도 있겠습니다. 오르고자 하는 목적지는 다를지도 모르지만 스스로가 발원하는 염원은 같을 수도 있겠습니다.
  우리 불가에 재미있는 이야기가 있습니다. 어떤 사람이 도를

이루기 위하여 부처를 찾아다니다 스님을 만났습니다. 그런데 그 스님은 도는 일러주지 아니하고

"그대 집으로 돌아가면 신발을 거꾸로 신고 머리를 풀어헤치고 자네를 반기는 보살이 있을 것이니 어서 빨리 집으로 돌아가면 보살을 만날 수 있을 것이다."

라고 말했습니다.

불보살을 배알하기 위하여 얼마나 많은 노력과 시간을 보냈던가. 그런데 집으로 들어가면 그대를 맞이할 보살이 계신다니. 너무나 감격적이고 희망적인 이 말을 접하고는 부리나케 집으로 달려갑니다.

자식을 떠나보내고 이제나 저제나 자식의 소식만을 기다리던 그 사람의 어머니는 아들의 음성을 듣고, 반가움에 그만 속옷 바람으로 머리를 풀고 신발을 거꾸로 신고 달려와서는 그 아들을 얼싸안는 것이었습니다.

부처님은, 관세음보살님은, 보살님은 어디에 계실까요? 또 봄은 어디에 있을까요? 눈을 크게 뜨고 가슴을 열고 함께 살고 있는 사람들 속에서 불보살님의 응하심을 찾아봅니다.

봄을 찾아 나서는 어리석음을 내려놓고, 내 집 뜰 앞 매화나무 가지에 매달려 있는 봄을 깨닫듯이, 우리 삶 속에서 부처님의 은혜 가피력을 느껴봅시다.

점심 먹는 시간

금강경의 가르침을 다 통하고, 그 주석까지 펴내신 중국의 덕산스님이라는 분이 남방으로 길을 떠나게 되었습니다. 당시 남방에 유행하던 선승들과 한번 맞붙을 작정이었습니다. 그 스님은 주금강이라는 별명으로 불리울 정도로 금강경에는 정통했다고 합니다.

길을 떠나 행각하면서 드디어 남방의 어느 사찰 입구에 도착하였습니다. 마침 점심 때여서 배고픔을 느끼고 마을 주막집에 들어갔습니다.

"떡을 좀 파시오. 점심 요기나 할까 합니다."

그런데 떡장수 할머니는 떡을 팔 생각은 아니하고

"스님 등에 무엇을 잔뜩 지고 있습니까? 그게 뭡니까?"

하고 물었다. 덕산스님은 어깨가 으쓱해지면서 대답하였다.

"예, 이것은 제가 주석을 단 것인데, 금강경이라는 아주 중요한 경전입니다."

"그래요. 나는 늙어서 잘은 모르지마는 스님께서 주석을 붙인 금강경 내용 중에 한 말씀이 궁금해서 질문을 드릴테니 스님께서 답을 주시면 돈을 받지 않고 떡을 드리겠습니다. 그런데 만약 대답을 못하시겠다면 떡을 팔 수가 없습니다."

스님은 아주 자신 있게 말하였다.

"알겠습니다. 무엇이든지 물어보세요."

"그럼 질문을 드리겠습니다. 금강경에 과거심불가득, 현재심불가득, 미래심불가득이라는 말씀이 있는데, 대체 스님의 점심 먹겠다는 마음이 과거에 있는 것인지 현재에 있는 것인지 아니면 미래에 있는 것인지 일러주십시오."

그만 덕산스님은 말문이 꽉 막혀버렸습니다. 떡으로 점심 요기를 하려 했습니다만 떡장수 할머니와의 내기에 져서 떡을 먹지 못하고 배고픔을 안고 길을 떠났다고 합니다.

부처님의 가르침은 중생의 근기에 따라 수기설법이 되고 있습니다. 불교는 끊임없이 중생 속에 용해되는 위대한 법력이 있습니다. 순간을 잘못 살면 십년을 고통 속에 살게 되고 종래에 가서는 이 괴로운 세상을 벗어날 기약이 없습니다.

현재도 장담할 수 없는데 어찌 지난 세월과 미래의 인생을 얘기할 수 있겠습니까? 지금 이 순간이 최선의 순간임을 깨달아야 할 것입니다. 지금 숨을 들이쉬고 내쉬는 바로 이 순간을 잘 활용해야 할 것입니다.

자신의 허물이 커 보일 때

모든 생명을 보듬어가는 대자연의 순리 앞에 세상은 아름다워 보입니다. 멀리 볼수록 더욱 아름답게 보입니다. 가슴을 열고 저 바다 끝까지 심호흡을 해 봅니다. '나는 보살이다.' 라고 다짐을 해 봅니다.

유마경에서 보살은 여덟 가지의 법을 성취해야 한다고 합니다.
첫째는 중생들에게 이익을 주면서 대가를 바라지 아니함이요,
둘째는 모든 중생들을 대신하여 온갖 괴로움과 시달림을 받으면서도 지은 바 공덕을 다 그들에게 베풀어 줌이요,
셋째는 마음을 중생들에게 평등하게 하여서 자기를 겸손하게 낮추어 걸림이 없어서 모든 사람들 대하기를 부처님같이 함이요,
넷째는 이제까지 듣지 못하였던 경전을 듣고 의심하지 않음이요,
다섯째는 성문들과 더불어 어기거나 등지지 아니함이요,
여섯째는 저들에게 공양을 하는 이들을 질투하지 아니하고 자신의 이익을 높이지 아니하면서 그 가운데에서 자신의 마음을 조복함이요,
일곱째는 항상 자신의 허물을 살펴보고 남의 단점을 말하지 아

니함이요,

　마지막으로 항상 한마음으로 온갖 공덕을 구하지 아니함이니 이것을 여덟 가지 법이라고 합니다.

　태종대 앞바다에 부서지는 파도처럼 일어났다 사라지고 하는 것을 인생이라 하는데도 집착의 무게는 자꾸만 무거워지는 것은 왜일까요?

　나는 과연 나 자신에 대해서 얼마만큼의 관심을 기울이고 사는지 살펴봅시다. 자신의 허물이 커 보일 때 우리는 보살이 됩니다. 남을 기쁘게 하고 자신을 복되게 하는 보살이 됩니다.

처음같이 마지막 되라

　　용두사미라는 말이 있습니다. 시작은 하는데 결과가 없음을 두고 하는 말입니다. 약속을 하면서도 약속을 지키지 못하는 사람, 불자들의 경우 기도는 하는데 회향을 하지 못하는 사람이 이런 경우겠지요. 자신이 하는 행위에 책임을 질 줄 아는 사람, 남으로부터 인정받고 공경을 받을 수 있는 것은 바로 자신의 행위에 책임을 다하는 사람일 것입니다.
　유교경에서 부처님은
　"비구들아, 정진하면 안 되는 일이 없느니라. 이것은 마치 작은 물이 바위를 뚫는 것과 같다."
　라고 말씀하셨습니다.
　일을 시작했다가 그것이 자기에게 맞지 않는 성질의 것이라고 실망하거나 곧장 바꾸어 버린다면 우리가 하는 모든 일들이 원점으로 돌아가 실패의 아픔을 맛보아야 할 것입니다. 어느 노래 가사에도 한 우물을 파야 출세를 한다고 합니다. 처음도 좋고 중간도 좋고 마지막도 좋아야 그 일을 두고 성공이라 할 수 있겠습니다.
　아무리 작은 일이라 하더라도 그것은 많은 사람과 연관을 가지고 있습니다. 그리고 신용이란 이름이 점차적으로 무게를 더하게 될 때 우리가 하고자 하는 큰 뜻은 성취될 수 있습니다.

'나는 이 일을 하겠다. 나는 기필코 해 내겠다. 어떤 어려움과 고통이 따른다 하더라도 기필코 하겠다.' 는 의지야말로 인생의 승리를 이룰 수 있는 재산이 될 것입니다. 그것은 세상사의 문제만은 아닙니다.

정진보다 무서운 힘은 없을 것이고 그것이 태산보다 높다 하더라도 생사의 바다를 건너야겠다는 원력이 해탈의 기쁨을 가져다 줄 것입니다. 정진이란 오늘 하고 내일 그만 둘 수 없는 것으로, 영원을 살아갈 자양분이 됩니다.

불법은 자신을 비우는 데 있다

　　많은 사람들이 불교를 신앙하고 있으면서도 불법을 잘 모르고 있는 경우가 많습니다. 또 부모님의 은혜 속에 살고 있으면서도 부모님께 불효를 하는 사람이 많습니다.
　늘 이런 생각을 해 봅니다. 나는 과연 부처님의 제자인가, 그리고 부처님의 가르침에 충실한가, 부처님의 삶의 모습을 잘 따르고 있는가?
　중국의 육조혜능 스님은 글자를 깨우치지 못한 문맹이었다고 합니다. 그런데도 후학들에게 참으로 훌륭한 가르침을 주시고 계십니다. 어느 날 법화경을 독송하는 행자를 만나게 되었는데 육조스님은 그를 향하여 준엄하게 꾸지람을 하게 되었습니다.
　"그렇게 머리를 숙이기가 싫으면 뭐 하러 절을 하는가? 그대의 마음속에 무엇이 들어 있는 것 같은데, 그대는 무엇을 배우고 있으며 또 어떤 수행을 하고 있는가?"
　"예! 법화경을 독송하길 이미 삼천 독을 넘게 했습니다."
　"그대가 설사 만 번을 독송하여 법화경에 통달했다 할지라도 그것을 자랑으로 여긴다면 도리어 허물이 된다는 것을 모르는구나. 그대 이름이 무엇인가?"

"법달이라 합니다."

"그대의 이름이 법달이라서 일찍 법을 통달했는가? 허튼 마음으로 아만과 교만으로 독송하는 것은 소리일 뿐이다. 그 마음을 밝혀야 보살이 된다. 부처님의 자리가 말이 없는 경계임을 믿으면 입에서 저절로 연꽃이 피리라."

법달은 곧 뉘우쳐 자신의 잘못을 깨닫고 가르침을 베풀어 줄 것을 예로써 청하게 됩니다. 곧 우리들의 신앙 생활에 올바른 지침을 스님께서 내려주시고 계시는 것입니다.

우리는 참으로 지성한 마음으로 옛 선인들의 가르침과 불도의 혜명을 이어가는 데 소홀함이 없어야 할 것입니다. 세상을 맑고 향기롭게 하겠다는 대원을 가지고 이를 실천할 때 우리는 진정 부처님의 아들 딸이 됩니다.

사람의 귀천은 자신의 행실에 달려있다

　　　　세상에서 가장 비천하고 인간답지 않은 사람을 어떤 사람이라 할까요?
　부처님께서 죽림정사에 계실 때 걸식을 하시다가 배화교를 믿는 바라문의 집에 가게 되었습니다. 그 때 그 바라문은 부처님께서 자기 집을 향해 오는 것을 보고 말하였다.
　"비천한 사람이요. 더 이상 우리 집으로 오지 마세요."
　그 때 부처님께서
　"그대는 천한 것이 무엇인 줄 아는가?"
　라고 하시고 말씀해 주시길
　"성내어 마음에 원한 품고 자신의 허물을 깊이 덮어서 감추고, 나쁜 생각 일으켜 거짓을 꾸미고 진실하지 않은 것이 천한 것이다.
　마음은 인색하고 성질은 사나우며 권세 앞에 아부하고, 속이면서 미안함도 없고 부끄러운 마음도 모르는 사람을 비천한 사람이라 말한다.
　살생을 일삼고 약한 사람을 괴롭히고 자신의 이익을 노리며, 아내를 박대하고 남의 여자를 욕보이는 사람이 참으로 비천한 사람이다.

　세도로써 남의 재산을 빼앗으며 거짓으로 증거하고 자신의 이익을 좇고 자기를 칭찬하고 남들을 헐뜯으며, 자기 죄를 남에게 뒤집어씌우고 은혜를 원망으로 갚는 사람이 비천한 사람이다.

　수행자를 문전박대하고 늙은 부모를 학대하며, 아무 할 일도 없으면서 그럴듯한 말로 자기를 자랑하는 사람이 그야말로 세상에 도적이다.

　비록 좋은 가문에 태어났으나 교만함을 벗어나지 못하고 오히려 좋은 가문 그것이 장애가 되어, 살아서는 남의 비난을 받고 죽어서는 나쁜 곳에 태어난다면 훌륭한 사람이 아니다.

　자기의 행실에 따라 천한 사람도 되고 훌륭한 사람도 된다."

　　　　　　그렇습니다. 비천한 사람으로 살려는 사람과 덕 있는 인격자의 삶은 오직 자신의 수행과 삶의 태도에 달려 있음을 깊이 생각해 보아야 하겠습니다.

새끼 밴 사슴을 죽일 수 없다

　　　　다른 사람이 받는 고통을 대신 받을 수 있는 사람, 요즘 같은 세상에는 찾아보기 힘들다고 얘기하는 사람이 많을 겁니다. 그렇지만 우리 눈에 띄지 않는 곳에서 참으로 남의 고통을 대신 받고 사는 사람이 많이 있을 줄 압니다.

　본생담에 나오는 황금빛 사슴의 이야기입니다.

　많은 사슴 가운데 유달리 황금빛을 내는 사슴 한 마리가 있었는데, 자기 동료가 임금에게 잡아먹혀야 될 상황이 되었습니다. 그런데 황금빛 나는 사슴이 그 사슴이 새끼를 밴 사실을 알고는 자기가 대신 죽기로 했습니다. 임금님의 사슴 요리를 맡은 요리사는 황금사슴을 보자 임금님께 보고하게 되었습니다. 임금님이 물었습니다.

　"너만은 죽일 생각이 없다. 어째서 여기 나와 죽음을 기다리고 있는가?"

　"임금님, 오늘은 새끼 밴 사슴이 죽을 차례입니다. 그리하여 제가 대신 죽으려고 왔습니다."

　이 말을 들은 왕은 속으로 크게 뉘우치게 되었습니다.

　"나는 너처럼 자비심이 많은 자를 사람들 속에서도 보지 못했다. 너로 인해 내 눈이 크게 뜨이는 것 같구나. 너와 암사슴의 목숨을 살려 줄 것이다."

그 때 황금빛 나는 사슴이 말하였습니다.

"임금님, 둘의 목숨은 살릴 수 있다 하여도 다른 사슴들은 어찌 되겠습니까?"

"그렇구나. 그들의 생명도 내 보호하리라."

이렇게 하여 축생들과 날짐승, 수중 중생 나아가서 그 나라 임금의 영토 안에 있는 모든 생명을 안전하게 해 주었다고 합니다. 사슴 한 마리의 자비심이 뭇 생명을 구하게 되는 얘기입니다.

내가 받는 괴로움을 남에게 전가시키지 않고 도리어 남의 아픔과 슬픔을 내가 대신 받을 수 있는 마음, 이것이야말로 이 세상을 구하고 자신의 생명을 복되게 하는 참다운 사랑이 아닐까 하는 생각을 해 봅니다.

아내의 종류

　　세상에서 가장 가까운 이웃이 누구일까요? 나 외에는 모두가 이웃이 되고 남이 됩니다. 다만 부부, 부모, 자식 등으로 이름지어 있을 뿐이지 모두가 이웃이 됩니다.
　오늘은 함께 사는 이웃인 부부의 관계, 부처님께서 옥야경에서 밝히고 있는 아내의 종류를 생각해 봅니다.

　그 첫째가 어머니 같은 아내로, 남편을 아끼고 생각하기를 어머니가 자식 생각하듯이 하는 것을 말합니다. 항상 남편 곁에서 보살피고 때에 맞추어 먹을 것을 차려주는 아내입니다.
　그 둘째가 누이 같은 아내, 혈육을 나눈 형제와 같이 하는 아내, 즉 누이가 오라비를 섬기듯 하는 아내입니다.
　셋째는 친구 같은 아내, 남편에 대한 생각이 지극해서 서로 의지하고 사랑하여 떠나지 않는 이입니다. 잘못을 보면 충고하여 실수 없게 하고, 좋은 일을 칭찬하여 지혜가 맑아지도록 하고, 서로 편안한 어진 벗이 되어주는 아내입니다.
　넷째는 원수 같은 아내, 걸핏하면 싸우려들고 항상 화난 얼굴로 남편을 대하고, 흐트러진 머리로 드러누워 손끝 하나 까딱하지 않고 전혀 집안 살림을 돌보지 않고 바람을 피우고도 마치 짐승과 같아서 남편과 헤어지길 바라는 아내입니다.

　다섯째는 도둑 같은 아내, 남편을 죽이려 하고 정부와 살 것을 궁리하고 재산을 빼내려 하고 밤이 되어도 자지 않고 늘 성난 모습으로 남편을 대하는 아내입니다.

　세상에는 이와 같은 종류의 아내가 있다고 부처님은 가르치고 있습니다. 착한 아내는 남들이 사랑하고 공경하며 일가친척도 부덕을 칭송한다 합니다. 원수 같고 도둑 같은 아내는 결국 남의 비난으로 두려움에 싸여 고통받고, 죽어서는 삼악도에 떨어진다고 합니다.

　우린 지금 어떤 종류의 아내의 모습인지, 또 어떤 종류의 아내의 길을 스스로가 갈 것인지 한번 생각해 보면 좋겠습니다.

내가 닦아야 할 길

우리들의 능력은 얼마만큼 될까요? 무엇을 할 수 있는 능력이 있을까요?

세상에는 수많은 직업이 있고 그 일을 할 수 있는 능력이 각각 다릅니다. 요즘 세상은 흔히 전문화된 능력을 요구하고 있습니다. 하는 일들이 각양각색으로 다르듯이 우리들의 성품과 성질도 다릅니다. 그것은 근기에 따라 달라지고 또 능력에 따라 다르기도 합니다.

부처님께서는 화엄경에서 이렇게 가르침을 주고 계십니다.

과거, 현재, 미래의 모든 여래가 한 가지 법만 가지고는 세상의 깨달음을 성취할 수 없다. 여래는 중생의 성품을 잘 알기 때문에 탐욕이 많은 사람에게는 베푸는 마음을 권장하고, 생활의 규범이 없는 사람에게는 계율을 지키도록, 성질 잘 내는 사람에게는 인욕을, 게으르고 나태한 사람에게는 정진을, 마음이 흐트러지기 쉬운 사람에게는 선정을, 어리석은 사람에게는 지혜를 권장한다. 그리고 인정이 메마른 사람에게는 사랑을, 또 남을 해치는 사람에게는 가엾이 여기는 마음을, 마음의 근심이 있는 사람에게는 기쁨을, 사랑하고 미워하는 애정의 갈등이 있는 사람에게는 크게 버리는 마음을 연습하게 한다.

　　　🖋 우리는 어느 마음을 닦아야 할까요? 이 중에서 하나 둘, 모두를 닦는다 하더라도 참된 자성을 닦는다면 그것 또한 부처님의 은혜가 될 것입니다. 불보살님의 가없는 은혜 가르침 속에서 조용히 자신의 삶의 길을, 자신의 참다운 능력을 살펴봅시다.

가난이 가장 큰 부자다

　세상에는 부자이면서도 가난한 사람이 많이 있고 가난하면서도 부유한 사람이 많이 있습니다. 저 서양의 유명한 철학자 소크라테스가 죽음을 앞두고 그의 제자로부터
　"선생님, 저희들에게 남기실 유언이 없으신지요?"
하고 질문을 받자 갑자기 생각이 난 듯
　"아, 닭 한 마리를 빌려쓰고 아직 갚지 않았군."
　대 철학자인 소크라테스는 죽음에 이르러서 한 마리의 닭 값도 갚지 못하는 가난뱅이였습니다. 그는 진정 가난했을까요? 그러나 그의 지혜는 천년을 두고 많은 사람들에게 영향을 주고 존경을 받고 있습니다. 어찌 재물이 없다고 해서 소크라테스를 가난하다고 하겠습니까?
　얼마 전에 우리 곁을 떠나신 성철대선사는 누더기 한 벌로 평생을 사셨는데, 깁고 기워 더 기울 수 없어서 입지 못하게 되자 불자 한 분이 새 옷을 올렸지만 다른 사람의 누더기를 입으시고 그 새 것을 마다 하셨습니다. 많은 사람들에게 존경받는 인물이 되고, 종교의 벽을 넘어서 국민들의 삶의 빛이 되었던 어른이었습니다.

조선조의 가장 뛰어난 율곡 이이 선생은 당신이 죽고 나서 장례 치를 장례비가 없어서 친구들과 그 제자들이 푼푼이 돈을 모아서 장례를 치르게 되었다고 하지요!

또 공자의 제자 안의 같은 이도 빈민굴에 가서 살면서 밥 한 술과 물 한 바가지로 생명을 유지하였다고 합니다. 다른 사람들은 고생을 견디다 못해 떠나갔지만 그의 생활은 늘 넉넉하고 편안했다고 합니다.

또 부처님의 상수제자인 대가섭존자는 멋있고 잘 꾸며진 절에 살지 아니하고 평생을 무덤이 많이 있는 공동묘지에서, 때에 따라서는 숲 속에서, 아니면 다 무너져 내린 빈 집에서 살았다고 합니다.

부자와 가난한 자는 어떤 차이가 있을까요? 재물의 가치는 분명히 어떻게 잘 사용하느냐에 있다고 봅니다. 이웃을 생각하고 나누는 기쁨이 있을 때 부자가 될 수 있을 것입니다. 수천 억의 재물이 있다고 해도 재물 속에 행복이 있는 것은 아닐 것입니다. 도리어 그 재물로 말미암아 고통과 병마가 떠나지 않고 재앙과 액난이 떠나지 아니하기도 합니다. 성자들의 삶의 모습을 통해서 나누는 기쁨을 우리 한 번 그려봅시다.

마음이 깨끗해야 아름답다

아름다움, 훌륭한 어머니, 뭇 생명의 고향, 부처님의 어머니, 현모양처, 여성에게 붙여진 값진 이름들입니다. 또한 많은 여성들은 아름다워지려고 노력하고 있습니다. 화장을 하고 몸치장을 하려고 합니다. 또 때에 따라서는 좋은 옷을 입고 멋있는 신을 신기도 합니다. 또 어떤 때는 아예 성형수술을 하기도 합니다. 모두가 다 아름다워지려고 하는 노력들입니다.

부처님께서는 옥야경에서 이렇게 말씀하고 계십니다.

"여자가 얼굴이 잘 생겼다고 남편을 업신여기는 일이 있어서는 안 된다. 여자의 아름다움이란 어떤 것인가?"

이렇게 반문하시고는

"그릇된 태도를 버리고 마음이 동요하지 않는 것이야말로 진정한 아름다움이다. 얼굴이나 머리털이 좀 잘 생겼다고 해서 그것이 아름다움이 될 수는 없느니라."

라고 하셨습니다. 부처님께서 급고독 장자의 며느리 옥야의 방자스럽고 교만스러운 행동을 보고 교화하신 내용입니다.

남과 여는 서로 조화로운 관계에 있습니다. 평등이란 이름도 그 역할에 따라, 주어진 그 능력에 따라, 또 그 힘에 의해 차별 속에서 주어지는 것입니다. 서로의 상관 관계를 유지, 발전시키는 데서 아름다움이라는 이름도 제 멋을 드러내놓게 됩니다. 모든 사람들에게 필요한 아름다움은 세상의 아름다움으로 피어날 수가 있습니다. 우리 한번 진정한 아름다움의 참 모습을 생각해 봅시다.

나의 스승은 어떤 분일까

어릴 적 선생님으로부터 이런 질문을 받아 본 적이 있는 사람이 많을 것입니다.
"누구를 가장 존경하느냐?"
"어떤 분을 가장 훌륭하게 생각하느냐?"
어떤 분을 스승으로 받들어 모시고 그 가르침을 받고 계시는지요. 저희들이 어릴 때는 당연히 이순신장군, 세종대왕 등으로 얘기하는 사람이 많았습니다. 그런데 요즘 아이들은 서양의 유명한 가수들이나 축구 선수, 야구 선수, 또 때에 따라서는 탤런트 등 참으로 그 존경하는 대상들이 달라지고 있습니다.

인생을 살아가는 데 있어서 지금 당장 우리의 마음을 돌이켜서 누구를 존경하고 있느냐고 질문을 한다면 머뭇거릴 사람이 많을 것입니다. 인생을 살아가면서 선뜻 '나의 스승은 누구' 라고 대답하지 못하는 사람이나 '생존 경쟁이 어떤 세상인데, 그런 것은 관심 없다' 고 하는 사람이 생각보다 많은 줄 알고 있습니다. 사람과 짐승이 다른 점이 있다면 바로 어떤 스승을 모시고 인생을 사느냐에 달렸다고 볼 수 있겠습니다. 우리의 사랑하는 자식들이 존경하는 스승을 모시도록 해야 합니다.

그러면 그 스승은 어떤 조건이 갖추어져 있어야 할까요? 부처님께서는 존경할 만한 일곱 가지 종류의 사람이 있다고 하셨습니다. 사랑하는 마음을 가진 사람, 연민하는 마음을 가진 사람, 남을 기쁘게 하는 사람, 남을 보호하고 감사하는 사람, 집착하지 않고 마음을 비운 사람, 부질없는 생각을 하지 않는 사람, 바라는 것이 없는 사람, 이런 조건을 갖출 때 능히 존경할 수 있다고 하셨습니다.

우리는 어떤 분을 존경하고 있는지, 또는 내가 존경 받을 만한 삶을 살고 있는지 진지하게 한번 생각해 봅시다.

깨달음에는 남녀의 구별이 없다

　깨달음을 얻고자 할 때 남과 여의 차별은 있을까요?
우리나라의 오랜 전통으로 이어져 내려오는 관습 중 하나가 남존여비라는 틀입니다. 남자는 높고, 여자는 낮다는 뜻이지요. 이러할 때 인류의 흐름은 남녀의 조화 속에 지속될 수가 없습니다. 어느 한 쪽이 없다면 결코 인류는 존재할 수가 없습니다. 남자가 없는 여자, 여자가 없는 남자가 있을 수 있을까요?
　우리의 스승 부처님께서도 여자의 몸을 의지하여 세상에 태어났습니다. 어느 쪽이 높다, 또는 낮다고 말한다면 인류는 이미 반쪽이 됩니다. 그리고 우리는 돌아올 수 없는 강으로 흘러갑니다. 옛부터 어머니의 역할은 거의 절대적이었다 볼 수 있습니다. 훌륭한 어머니로부터 훌륭한 자식이 태어날 수 있습니다.
　수행을 하는 데도 어찌 남녀의 차별이 있겠습니까? 깨달음의 세계는 특정한 계층만이 할 수 있는 일이 아닐 것입니다.
　부처님의 법은 과연 인류에게 어떤 도움을 줄 수 있을까요?
　아함경에서 부처님은 다음과 같이 말씀하셨습니다.
　"여자라는 생각을 마음에 두지 말고 오직 수행에만 뜻을 두어 위없는 가르침을 살필 뿐이다.

진리에 남과 여의 차별이 있다면 여자는 얻을 수 없다고 말할 수 있겠지만, 진리에는 남과 여의 차별이 없으니 모든 애착을 끊고 무명의 어두움을 없애버리면 번뇌 없는 법에 머물러 열반을 정득하느니, 진리에는 남녀의 차별이 없다."

누구나가 번뇌를 끊고 수행에 몰두한다면 깨달음을 얻을 수 있을 것입니다. 거기에는 어떤 차별도 존재하지 않습니다.

부처님께서 이 땅에 오신 까닭은

자신보다는 남의 괴로움을 생각하면서 산다는 것이 결코 쉬운 일은 아닐 것입니다. 사람들이 많이 모여드는 공중 화장실 같은 곳은 우리가 보기에도 더러울 때가 많습니다. 또 병원의 영안실 같은 곳도 직접적인 인연이 없고는 가기가 어려운 곳입니다.

자기 편견에 빠져있는 사람들을 질책하시던 부처님 시절에 어떤 비구가 오랫동안 병석에 있어 더러운 몸으로 누워 있었습니다. 많은 사람들은 모두 그 냄새를 꺼려하고 아예 바라보지도 않았습니다. 그런데도 부처님께서는 몸소 그곳에 가시어서 더운 물로 그 몸을 씻어 주셨습니다.

나라의 임금이나 백성들은 모두 와서 부처님께 여쭈었습니다.
"부처님은 세상에서 가장 높으시고 중생들의 큰 스승으로서 어찌하여 몸소 병든 비구의 몸을 씻어주십니까?"

그 때 부처님께서는
"부처가 이 세상에 나타난 까닭은 바로 이런 궁하고 외로운 사람을 위하고, 병들어 있는 사문 또는 가난하고 외로운 노인을 도와 공양하고 복전을 짓기 위하여서 입니다."

라고 하셨습니다.

　　　우리의 이웃들 중에는 참으로 우리의 작은 도움을 기다리는 사람이 많이 있을 것입니다. 도움이 필요한 이의 곁으로 달려가는 사람들이 많을 때 이 세상은 부처님의 세상이 될 것입니다.

방탕에서 벗어나는 길

　　　　　부처님께서는 방탕과 타락에 떨어지지 않는 길, 타락에서 벗어날 수 있는 길을 묻고, '과연 사람으로서 용기를 갖고 살 수 있는 자가 누구냐?'고 물으시면서 이렇게 말씀을 하시고 계십니다.

　이기는 길도 알기 쉽지만 타락하는 길도 알기 쉽나니, 법을 좋아하는 것은 이기는 길이요 법을 헐뜯는 것은 타락의 길이다.
　나쁜 친구를 가까이 하고 착한 사람과 원한을 맺는 것은 타락의 길이다.
　거짓말하고 저울의 눈을 속이고 장기와 바둑을 일삼으며, 술에 취해 방탕하며 여자에 빠져 재물을 함부로 쓰는 것은 타락의 길이다.
　남의 아내로서 남의 남자를 따라가고, 또 남자가 자기 아내를 버리고 외도를 하는 것은 타락의 길이다.
　늙은 사내가 젊은 여자를 얻는 것, 또 늙은 여자가 젊은 남자와 놀아나는 것은 타락의 길이다.
　재물도 없는데 명예나 부자가 되기를 바라고, 또는 임금 되기를 바라는 것도 타락의 길이다.

　남에게 자신이 대접받기를 원하고 자신은 재물을 아끼고 남의 것을 얻어먹고 갚지 않는 것도 타락의 길이다.

　부모나 나이 많은 사람을 받들어 섬길 줄 모르고 부모와 형제들을 때리고 상스럽게 굴고 예절을 모르는 것도 타락의 길이다.

　　　　　우리가 타락의 늪에서 벗어날 수 있는 것은 이와 같은 짓을 그만두고 부처님의 가르침에 게으름이 없을 때이며, 이러할 때 삶의 희망이 찾아들 것입니다.

용서와 인욕

　　용서할 수 있는 사람, 자신보다 힘이 모자라고 모든 것이 부족한 사람을 용서할 수 있는 사람. 이런 사람이 많을 때 세상은 맑고 밝습니다.

　보통의 사람들은 자기보다 못한 사람을 업신여기려들고 자기보다 명예와 재물이 많은 자에게는 온갖 아부를 하려듭니다. 자신에게 유리하다고 생각된다면 인간의 기본 윤리마저도 저버리고 더러운 말과 행동을 합니다.

　인도의 간디는

"모든 사람을 용서하라. 설사 상대가 잘못을 저질렀다 하더라도 그것을 받아들이고 용서해 줄 수 있다면 사람의 관계는 한결 원만해질 것이다."

라고 말했습니다.

　부처님께서도

"큰 힘을 가지고 있으면서 약한 사람을 용서하고 그 어리석음을 참는 것은 훌륭한 인욕이라 할 수 있다. 또 자기보다 약한 사람 앞에서 기꺼이 참는 것이야말로 으뜸가는 인욕이라 할 수 있다."

고 하셨습니다.

사람과 사람의 관계를 형성하는 데는 서로 신뢰하고 존경하는 것이 무엇보다 중요하다고 하겠습니다. 교만하여 아랫사람을 천시하는 것은 역으로 보면 자신이 곧 자신보다 힘있는 자로부터 천시와 업신여김을 당하는 것이라 하겠습니다.

늘 윗사람을 존경하고 진정으로 공손하게 자신의 뜻을 표하는 연습을 해야 합니다. 꼭 그 뜻을 승낙 받아야 할 때는 두 번, 세 번, 아니 그 이상으로도 더욱 정성스러운 몸과 마음가짐으로 법도를 다해야 할 것입니다. 아랫사람을 사랑으로 대하고 믿음으로 인정하는 연습이 되어야 할 것입니다. 나보다 못한 사람을 용서하는 마음을 가진 자의 뜻은 밝고 커 보일 것입니다.

경전을 부모님처럼 모셔야 한다

우리가 불교 신도라면 분명 우리의 신앙의 대상인 부처님과 부처님의 가르침과 화합승가를 믿고 수행한다고 할 수 있겠습니다.

오늘날까지 부처님의 제자로서 신앙 생활을 하는 근본은 누가 뭐라고 하더라도 부처님의 가르침인 경전에 의지해서 진행되어 왔다고 할 수 있습니다.

부처님께서도 유교경에서
"수행자들아, 가르침에 의지하여 살아가라."
이렇게 말씀하시고 계십니다. 분명 부처님은 이 땅에 계시지 않지만 진리의 불법은 우리들 곁에서 윤회의 고통 세상을 진단하고 삶과 죽음의 바다를 건너게 하는 배가 되고 있습니다.

경전은 분명 우리의 스승입니다. 그리고 삼보신앙의 법보에 해당이 됩니다. 금강경에서도 경전을 지니는 공덕은 한량이 없다고 했습니다. 올바른 신앙인으로서 살아가고자 한다면 경전 한 권 정도는 지니고 다녀야 한다고 생각합니다. 경전 한 권이라도 독송하고 또 모시고 지닐 수 있다면 얼마나 멋진 신앙인이 되겠습니까?

부처님께서는

"어리석은 사람들이 보물을 소중히 여기듯이 수행자들은 경을 소중히 여기어서 부모님 섬기듯이 해야 한다. 사람이 사람을 섬기는 것은 일생 동안의 일이지만 경전을 모시는 공덕은 한량없는 세월 동안 뭇 중생들을 제도하여 열반을 얻게 하나니, 경을 받들기를 부모 모시듯 해야 이 불법이 오랫동안 유지될 것이다."
라고 하셨습니다.

경전 한 권 모시는 마음가짐을 이 어려운 세상을 헤쳐나가는 지남으로 삼아봅시다.

출가란

　　출가에 대해서 어떻게 생각하시는지요? 아마 불교인으로서 한번쯤은 출가에 대해서 깊이 생각하고 또 출가를 하려고 마음을 먹었을 때가 있었을 것으로 생각합니다.
　　한 생각 나서 곧장 출가하는 사람도 있고, 오랜 시간을 두고 출가에 대한 고민에 고민을 한 사람이 머리 깎고 먹물 옷을 입고 승려가 되는 수도 있습니다. 누구나가 될 수 있는 수행자의 길이지만 결코 쉽지만은 않은 것이 출가자의 길일 것입니다.
　　그런데 부처님께서는 분명 출가 대중은 크게 대중승가와 전문승가로 화합한 대중을 말하고 있습니다. 불자 여러분들이 이미 부처님 제자가 되겠다고 마음먹어 불교 신앙인이 되었다면 그것이 곧 출가라고 할 수 있겠습니다. 많은 사람들 가운데 부처님 법을 따라 삼보를 예우하고 신앙인이 된다는 것도 결코 쉬운 일만은 아닙니다.
　　부처님께서는 이렇게 말씀하고 계십니다.
　　"누구라도 이길 수 있는 힘이 있는가? 남이 나를 화나게 할 때 참아내기가 어렵고, 가난하고 궁핍할 때 남에게 베풀기가 어렵고, 곤경에 빠져 있을 때 계율을 지키기가 어려우니라. 그러나 젊은 나이에 부귀 영화를 누리면서 애욕을 끊고 출가하기는 참으로 어려우니라."

　자신의 입장에서 보면 세상사 어느 것 하나 어렵지 않은 것이 없습니다. 하지만 진정 우리에게 어렵고 힘든 일은 육신의 놀림을 벗어나는 출가일 것입니다. 술 먹는 사람이 술을 먹지 않는다면 이 또한 출가의 가능성이 얼마든지 있을 것입니다. 육신의 몸 놀림으로부터 벗어났을 때 이를 일러서 출가라 할 수도 있겠습니다.

승부를 겨루지 말라

우리들이 살고 있는 현실은 모두가 경쟁이란 이름으로 가꾸어져 있는 느낌이 듭니다. '싸워서 이겨야 한다. 태어나서 죽음에 이르기까지 상대와 싸워서 이겨야 한다.'고 하면서 우리들 스스로가 적을 만들고 있습니다. 그리고는 그 적들을 상대해서 치고 받고 싸우고 있는지도 모릅니다.

입만 열면 경쟁적인 얘기입니다. '공부 잘하라', '돈 많이 버느냐', '진급했냐' '야! 잘 생겼더라' 등등 우리의 마음을 갈라놓고 경쟁심을 부추기는 말들만 하고 또 그렇게 싸우고 있습니다.

부처님께서는 의미없는 승부를 겨루지 말라고 가르침을 주고 계십니다.

많이 외운다고 이익될 것은 없나니 잘만 외운다고 훌륭한 것이 아니다. 목동이 주인의 소를 아무리 많이 센다 하더라도 자신의 소는 한 마리도 없음과 같으니, 적거나 많거나 외우고 익혀 법대로 살아야 하는 것, 그것이 가장 훌륭한 수행자의 태도이니라.

천 권의 책을 외운다 해도 뜻을 알지 못하면 무슨 이익이 있으랴. 차라리 한 구절 알고 도를 깨우치는 것만 못하느니라. 백만의 적군을 혼자서 물리칠 수 있다 해도 참아 이기는 것만 못하나니 앞으로는 다투는 마음으로 승부를 겨루지 말라.

　　　　우리들은 늘 시비 분별 속에서 허덕이며 살고 있습니다. 잘잘못을 가리는 데 이력이 나 있습니다. 우리의 생명에 지장이 없다면 상대를 인정하고 품어가는 마음 씀이 자비일 것이고 그것이 또한 세상을 아름답게 살아갈 수 있는 지혜가 될 것입니다. 그리하여 참으로 그러한 마음들이 우리의 삶을 넉넉하게 가꾸어갈 것이며 복전으로 꽃피어 갈 것입니다.

모자람 속에 기쁨이

늘 모자람 속에 기쁨이 있고 은혜가 드리워집니다. 물잔에 물이 가득 차 있으면 어딘지 모르게 미련해 보이고 불안한 마음마저 갖게 합니다. 자비라는 이름도 채워짐보다는 모자람 속에서 커 보이고 거룩한 모습으로 우리 곁에 다가설 것으로 생각됩니다.

부처님의 자비 또한 그러할 것으로 믿습니다. 화엄경에서
"아, 중생들이 끝없는 생사의 큰 구덩이에 빠져 있거니 나는 장차 이들을 속히 건져내 일체 지혜경지에 살 수 있도록 하리라.

아, 중생들이 온갖 번뇌의 핍박을 받고 있거니 나는 장차 어떻게 이들에게 구호를 베풀어 온갖 착한 법에 만족케 하리라.

아, 중생들이 생로병사를 두려워하고 있거니 나는 장차 어떻게 이들의 갈채가 되어주고 그 심신의 평안한 길을 얻게 할 것인가.

아, 중생들이 지혜의 눈이 없어서 항상 자신을 실제로 있는 듯 믿어 근심에 뒤덮여 있거니 나는 장차 어떻게 방편을 써서 의혹에 가리운 그 막을 벗어나게 할 것인가?

아, 중생들이 항상 인색, 질투, 아첨, 기만에 의해 더럽혀지고 있거니 나는 장차 그들의 지식을 완전케 할 것이다. 그리고 청정

한 법신을 증득케 할 것이다."

　메말라 간다는 얘기는 정이 없다는 것이 됩니다. 나만 아는, 내 가족밖에 모르는 가정적, 단편적 생활로 떨어진 현실을 보면서 부처님의 자비가 어떠한 모습인가를 보여주는 가르침이 아닐까 생각합니다. 함께 걱정하고 염려하며 아픔을 구원해 주려는 마음이 자비임을 깨닫게 하는 가르침입니다.

어머니 계심이 큰 재산

 부처님께서 경을 말씀하신 이유는 무엇일까요. 부처님께서는 이렇게 말씀하시고 계십니다.
 "비유하건대 가난한 집에 귀한 보배를 일러주는 것과 같다고 할 수 있겠다. 그 보배는 '내가 여기 있으니 요긴하게 쓰라'고 말할 수가 없다. 그러하니 보배 있음을 알지 못하고 또 거기에 있다고 일러주는 사람도 없다.
 또 그 주인은 제 스스로가 지니고 있는 그 보배창고를 열어서 활용하지 못한다. 뭇 중생들도 이와 같아서 여래의 큰 가르침의 보장이 그 몸 안에 있건만 그것에 대하여 들은 바가 없기에 알지 못해서 오욕에 빠져든 나머지 생사에 연연하여 무한한 고통을 당하는 것이다.
 그러므로 부처님들께서 세상에 나타나시어 중생의 몸 속에 여래장이 있음을 관찰하시고 여러 보살을 위해 이 법을 말씀하셨느니라."
고 여래경에서 가르침을 주시고 계십니다.
 큰 나무 밑에서는 작은 나무가 자랄 수 없겠지만 큰 사람 밑에서는 많은 사람이 새 생명으로 태어날 수가 있고 또 살아 갈 수가 있습니다. 이처럼 한 분의 성자의 출현으로 인해 뭇 생명들이 감로의 은혜를 입고 살아 갈 수가 있습니다.

어머니가 살아 계신 것처럼 큰 재산은 없을 것입니다. 역시 부처님이 우리 곁에 계시는 것처럼 큰 복도 없을 것입니다. 마치 저 하늘의 태양처럼 만 생명을 길러 주시고 끝없는 빛으로 차별 없는 세상으로 인도해 주시는 석가모니 부처님이 이 땅에 오심은 깨달음의 세계를 열어주기 위함일 것입니다.

중생 곁으로, 중생의 몸으로 오신 가없는 자비를 본받아 차별 세계를 평등 세상으로 가꾸어 갑시다. 이 얼마나 큰 은혜입니까. 믿고 받들어 따르옵니다. 이렇게 몸과 마음 바쳐 따르옵니다.

무엇이든지 다 알 수 있는 분

요즘은 제각각의 능력을 요구하는 시대입니다. 힘과 능력 중심주의가 우리들의 일반적인 의식구조에 자리하고 있습니다. 이러한 능력을 얘기한다면 부처님만큼 뛰어난 능력을 가진 이도 없을 것입니다.

부처님에게는 열 가지의 지혜의 힘이 있다고 하셨습니다.

옳고 그른 것을 사실대로 아는 지혜가 있다.
과거 현재 미래의 업과 그것이 가져오는 결과를 아는 지혜가 있다.
번뇌의 악함과 번뇌의 끊음의 청정함을 바르게 아는 지혜가 있다.
중생들의 개성이 다르고 능력이 다름을 바르게 아는 지혜가 있다.
중생들이 바라고 있는 것이 무엇인지를 아는 지혜가 있다.
중생들의 갖가지 세계상을 바르게 아는 지혜가 있다.
진리의 궁극적인 경계를 바르게 아는 지혜가 있다.
한 생에서 수백 생에 이르기까지의 지나간 세월의 일들을 사실대로 아는 지혜가 있다.

  천안을 얻어 미래세의 세계를 바르게 아는 지혜가 있다.

  모든 번뇌를 모두 끊어 마음이 해탈하고 현세에서 스스로 자신이 정득한 줄을 알아서 다시 윤회하지 않음을 바르게 아는 지혜가 있다.

       부처님은 중생심으로는 가히 넘나 볼 수 없는 무한 능력자입니다. 그 분의 능력이 조금도 모자람이 없음을 참으로 믿고 수행하는 것이 불제자의 도리입니다. 이러한 능력자가 되기 위해서는 수행정진으로 그 무한 능력을 개발해내어야 할 것입니다.

나에게 주어진 일

우리의 적성에 맞는 일은 어떤 일일까요? 좋은 일은 무엇이며, 또 싫은 일은 어떤 것일까요? 좋다고 좋은 일만 하고 싫다고 그 일을 하려고 들지 않는다면, 그 사람은 평생을 두고 하기 싫은 일만 하게 될 것이고 결국은 실패와 좌절이라는 고통에서 살게 될 것입니다.

자신에게 맡겨진 일은 가장 보람되고 즐거운 일이고 또 적성에 맞는 일이라고 받아들이는 마음을 쓴다면 그 사람은 평생을 행복한 삶을 살아가는 주체가 될 것입니다.

"우리의 일상 속에서 옳은 것은 힘써 실천하고 옳지 않은 것이면 반드시 그만 두어야 한다. 그렇다고 일이 쉽고 어려움에 따라 신념을 바꾸어서는 안 된다. 당장 어렵다고 해서 고개를 저으며 돌아보지 않는다면 뒷날에 지금보다 더 어렵지 않으리라는 것을 어떻게 알겠는가." -〈조사어록〉

우리는 부처님을 따르는 제자이고 믿음을 가진 신앙인입니다. 부처님은 극락세계에 계시지 아니하고 사바세계에 와 계신다고 합니다. 우리 불자들도 어려운 곳으로, 나의 이익을 포기하고 고통받는 사람 곁으로 달려가는 것이 불교인의 길이라고 생각됩니다. 자신을 포기하지 않고서는 참된 자신을 회복할 수 없을 것입니다. 그것이 우리가 복되게 사는 길이고 또 불제자의 길일 것입니다.

헛되지 않은 삶

　　사람들은 늘 보람된 삶을 살고자 노력하고 있습니다. 그런데 정작 보람된 삶이 어떤 것인지는 잘 모르고 있습니다.
　사람만큼 위대한 삶을 사는 사람도 드물지만 또 바꾸어서 사람만큼 치사스러운 삶을 사는 동물도 없습니다. 짐승만도 못한 사람도 많습니다. 자신의 이익을 위해 동기도 죽이고 심지어는 부모 형제도 죽이는 사람이 있습니다. 때에 따라 이웃이 원수가 되기도 하고 오직 자신만을 위해 희생을 강요하는 사람도 있기도 합니다.
　부처님께서는 이렇게 말씀하셨습니다.

　"죽음이 몸과 마음을 무너뜨리는 곳에서도 은혜로 베푼 보시의 복덕은 자기를 따르는 양식이 되나니, 자기를 잘 거두어 단속하고 마음을 닦아 공덕을 의지하여 돈, 재물, 음식 등을 능력에 따라 널리 베풀며, 게으르지 않고 항상 마음을 닦으면 비록 삶을 마친다 해도 그것은 결코 헛되지 않은 삶이 되느니라."

　옛사람의 말씀에 할아버지의 삶은 그 손자가 세상을 살아가는 거름이 된다고 하고 있습니다. 할아버지가 잘못하면 설사 손자가 능력이 있다 해도 세상에 빛이 되지 못합니다. 도덕과 윤리를 지닌 인간으로서 남을 위하여 베품을 실천한 사람들이 삶의 보람을 누리며 산다고 할 수 있겠습니다.

과거는 지나갔고 미래는 아직 오지 아니했다

우리는 현실보다는 미래를 더 많이 생각하기도 하고, 또 어떤 경우는 현실보다는 과거에 집착해서 방탕한 생활을 하는 수가 있습니다. 미래에 좋아질 것이라는 막연한 기대로 하루 하루를 헛보내는 사람도 있습니다. 또 자기 교만과 아만에 빠져 과대망상증으로 고통받는 사람, 또는 과거에 내 부모가, 우리 가문이 어떤 일을 했다는 허영심에서 벗어나지 못하는 수가 있습니다. 이러한 생각으로 세월을 헛되게 보내는 사람들이 참으로 많습니다.

부처님께서는 이렇게 말씀하셨습니다.

"부디 과거를 생각하지 말고 또한 미래를 원망하지 말라. 과거는 이미 사라졌고 미래는 아직 오지 않았다. 현재의 모든 일에 대해서도 무엇 하나 변하지 않는 것은 없음을 알아라.

이렇게 지혜로운 성자의 길을 본받아 살아간다면 무엇 때문에 죽음을 근심하랴. 나는 이제 죽음의 근심을 만나지 않거니 큰 고통과 재앙은 이미 끝났느니라. 이와 같이 부지런히 힘써 밤낮으로 게으르지 말지어다."

세상 어느 것 하나라도 이치를 벗어나서 존재할 수는 없습니다. 자신의 인생에 대한 철저한 노력만이 자신의 삶의 질을 높이고 인생의 항로를 바로 잡아갈 것입니다. 오지 않는 미래, 이미 지나가 버린 과거는 거름이 될지언정 그것이 자신의 삶의 중심이 될 수는 없습니다. 어떤 때는 순간의 실수가 평생의 좋은 일이 될 수도 있지마는 대개가 한 순간의 실수가 평생을 고통으로 몰고 갈 수가 있습니다.

한산과 습득

　　천덕꾸러기, 거렁뱅이, 미치광이로 대접을 받으면서도 얼굴 한번 찡그리지 않는다는 것은 아무나 할 수 없는 일입니다. 옛날 중국의 국청사에서 온갖 잡일을 도맡아서 그릇이나 씻고 도량 청소나 하는 천덕꾸러기로 알려진 한산과 습득의 삶의 진솔한 의미를 새겨보고자 합니다.

　한산은 대중들이 먹다 버린 음식찌꺼기를 대바구니에 모아두면 그것을 가져다가 끓여 먹으면서 생활을 했는데 한암굴에 살고 있었기에 한산이라 불리웠고, 습득은 풍간선사가 길에 버려진 핏덩어리를 주워다가 길렀으므로 습득이란 이름을 가지게 되었답니다.

　대중들의 생각으로는 모자라는 인간으로 비추어졌고 미친 중 정도로밖에 보이지 않았지만 한산은 문수보살, 습득은 보현보살의 화현이라 했으니 참으로 불보살님의 광대무변한 세계는 알다가도 모를 일입니다.

　흔히 우리가 보살이라고 하면 부처님 버금가는 성인으로서 머리에는 왕관을 쓰고 온 몸에서 광명이 나고 온갖 일을 능히 할 수 있는 능력자로 알고 있습니다. 그런데 동굴에서 대중이 먹다버린 음식찌꺼기나 끓여 먹으면서 천 조각 만 조각으로 더덕더덕 기운 옷을 입고 다니는 거렁뱅이가 문수, 보현보살인 줄 누가 알 수 있겠습니까?

스님네들은 깨끗하고 훈훈한 큰 방에서 손 하나 까딱하지 않고 공양을 받아먹고, 방석에 앉아 수행 정진을 한다지만 꾸벅꾸벅 졸기가 일쑤인데도 많은 사람들은 '큰스님' 하고 절을 하는데, 온갖 험한 일을 다 해 가며 대중 스님을 시봉하면서도 사람 대접 한번 받아 본 적이 없는 한산과 습득이 문수, 보현보살의 화현이라니 누가 믿어주겠습니까?

공양실에서 불이나 때고 그릇이나 씻으며 도량을 청소하는 거렁뱅이가 보살의 모습으로 우리들에게 다가서고 있습니다. 우리 곁의 보살을 찾아 배알하고 참배하는 시간을 가진다면 참 좋은 하루가 될 것입니다.

등짐을 지고 무겁다 하네

우리는 스스로 등짐을 지고 무겁고 괴로운 인생을 살고 있습니다. 우리가 원하는 것은 망상과 괴로움의 짐을 벗는 것입니다.
경에서 이렇게 노래하고 있습니다.

이 세상에 재산 많은 사람들 어리석어 베풀 줄 모르고 그저 거두어 쌓아둘 줄만 아니 끝없는 탐욕만 늘어나네. 세상에 임금이나 그 많은 사람들이 탐욕을 떠나기 전에 죽음이 온다네. 원래 탐욕이란 만족이 없는 것이거늘 목숨을 마친 뒤엔 거지 신세로 가는구나.
쌓은 재물은 상속자가 가져가고 자신은 업을 따라 혼자 가나니 자식이나 아내, 재물이나 권력도 죽은 사람에겐 무엇 하나 따라가지 않는다네. 재물로도 죽음을 막지 못하고 황금도 늙어감을 막지 못하네. 목숨은 잠깐이요, 세상은 덧없는 것이라고 진리의 눈덩이는 항상 말하였다네. 재물에 눈이 어두워 악업만 쌓고 있네.
모든 탐욕은 타오르는 불길이요, 황금은 무서운 칼날임을 알아야 하리. 나고 죽음에 따르는 고통과 당해야 할 지옥의 괴로움을 보아야 하느니라. 도처에 깔려있는 재앙을 보고 스스로 내 자신을 경계하여 탐욕, 분노, 사견, 윤회의 굴레를 버리고 번뇌를 끊어 승리의 길에 들어섰노라.

나는 거룩한 부처님의 가르침을 받아 성실과 자비를 성취하였거니, 내 인생의 모든 무거운 짐을 벗고 생사의 굴레를 넘어 자유의 기쁨을 얻었다네.

우리가 가는 길은 우리의 삶 속의 온갖 구속으로부터 자유로워지는 것입니다. 우리가 지고 있는 짐이 과연 어떤 것인지.

내려놓으면 편안하고
들고 있으면 무거우리.

내려놓으려 하나 내려놓을 수 없고
들고 있으려 하나 들 수도 없는 것.

다만 애착과 집착의 먹구름만 가득하구나.

어느 것 하나 은혜 입지 않음이 없다

우리의 육신이 지탱되어 가는 데에는 아버지, 어머니의 은혜가 있습니다. 또한 내가 먹는 물 한 모금, 쌀 한 톨에도 수많은 사람들의 은혜와 수고로움이 스며 있습니다. 세상 어느 것 하나 그냥 된 것은 하나도 없습니다. 이 많은 은혜 중에 삼보님의 은혜가 있습니다.

화엄경 정행품에 있는 내용입니다.

사람 몸 받기 힘든 것이지만 지금 받고 있으며, 불법 듣기 힘드나 지금 듣고 있으니, 이 몸 받은 금생에 제도 못하면 언제 또 사람 몸 받아 이 몸 제도할쏘냐?

스스로 부처님께 귀의하여 받들어 모시고, 원하옵건대 중생들과 더불어 제도를 취득하여 무상의 뜻을 바라겠노라.

스스로 법에 귀의하여 받들어 모시고, 원하옵건대 중생들과 더불어 깊이 경장에 들어가 지혜를 바다와 같이 하겠노라.

스스로 승가에 귀의하여 받들어 모시고 원하옵건대 중생들과 더불어 대중들을 통리하여 모든 것에 막힘이 없도록 하겠노라.

무상하고 심심한 묘법을 백천만 겁이 되어도 만나기 힘이 드나 나는 지금 보고 듣고 하여 얻을 수가 있었으니, 원하옵건대 부처님의 진실한 뜻을 체득하여 받들어 모시겠노라.

하늘에 핀 꽃

부처님께서는 이렇게 말씀하셨습니다.

부귀 영화를 누리고 국왕이 되고 장자가 되는 것은 전생에 삼보를 지극히 섬긴 때문이요, 오래 사는 것은 계행을 지킨 때문이며, 단정함은 인욕한 때문이며, 부지런하여 게으름이 없는 것은 정진한 때문이며, 목소리가 맑고 우렁찬 것은 삼보를 찬탄한 때문이며, 깨끗하여 병이 없는 것은 인자한 마음 때문이다.

사람이 지저분한 것은 전생에 돼지였기 때문이요, 경망스럽고 앙칼진 것은 전생에 원숭이였기 때문이요, 표독스러운 것은 독사였기 때문이며, 체격이 작은 것은 남을 멸시했기 때문이며, 못생긴 것은 성내기를 좋아했기 때문이며, 미련한 것은 남을 가르치지 아니했기 때문이며, 반벙어리는 남을 헐뜯었기 때문이며, 비굴한 것은 빚을 지고 갚지 않았기 때문이며, 짐승으로 태어나는 것은 사람을 놀라게 했기 때문이며, 용의 무리에 태어나는 것은 장난을 즐겼기 때문이다.

설법하는 자리에서 떠들어 남의 청법을 방해하면 내생에는 개가 되고, 남의 것을 훔치기를 좋아하면 소나 말이 되어 갚게 되느니라.

　이와 같은 부처님의 가르침은 우리들이 진정 받들고 참회해야 할 일들입니다.

　티끌 하나도 그냥 된 것 있으랴.
　세상에는 티끌만큼의 오차가 없는데
　눈병이 난 사람은 저 하늘에 꽃이 피었다 하네.
　바람이 일어나면 구름 가고
　사람이 태어나면 죽음의 그림자 함께 한다네.

중생 공양

　　봄기운이 무르익고 있습니다. 산과 들에는 많은 사람들이 봄을 찾아 나서고 있습니다. 그러면 과연 우리가 찾는 봄은 어디에 있을까요? 이렇게 묻는다면 어디에서도 봄은 찾을 수가 없을 것입니다.
　우리 불자들은 깨달음을 얻기 위하여 노력하고 정진하는 것이 신앙의 전부라 해도 틀린 말이 아닙니다.
　그런데 막상 무엇을 깨닫고 또 깨달음의 내용이 뭘까 하는 의문을 가지게 되면, 깜깜한 밤중에 촛불이 꺼지고 어두움 속에서 아무 것도 볼 수 없는 곤란에 처한 것과 같다고 할 수 있겠습니다. 무엇보다도 깨달음을 얻은 도인의 삶을 살펴보는 것이 깨달음의 세계를 알아보는 데 도움이 될 성 싶습니다.
　구정선사라는 분이 출가하기 전에 비단장수를 할 때였습니다. 강원도 땅 대관령에서 길을 가는데, 허술한 옷을 입은 노승이 고갯길을 가다가 말고 한참을 우두커니 서있곤 하는 모습을 보게 되었습니다. 비단장수 청년은 그 모습을 계속 바라보다가 궁금증이 생겨서 노스님께 그 사유를 묻게 됩니다.
　"스님께서는 도대체 무슨 일 때문에 그리 하십니까?"

노스님께서는 어린아이처럼 맑은 웃음을 보이시며 말하였다.
"잠시 중생들에게 공양을 시키고 있는 참이라네."
무슨 뜻인지 쉽게 알아들을 수 없는 비단장수 청년은 다시 말씀을 드리게 됩니다.
"중생들에게 공양을 시킨다니 대체 어떤 중생들에게 공양을 시키고 있습니까?"
"이 사람아, 내가 움직이고 계속 길을 걷고 있노라면 내 옷 속에 있는 이나 벼룩 등이 피를 빨아먹기가 얼마나 불편하겠는가. 그래서 내가 잠시 가던 길을 멈추고 꼼짝하지 않고 이렇게 서 있는 것이라네."
노승의 이 말씀을 듣고 크게 느낀 바가 있어서 비단장수는 가던 길을 그만 두고 출가하여 구정선사라는 훌륭한 스님이 되었다는 얘기가 전해지고 있습니다.

우리가 가고자 하는 깨달음의 세계, 우리가 끝내 가고자 하는 해탈도인의 자리는 미물 축생에게까지도 자비를 베풀고 생명의 편차를 두지 않는 마음씀이 아닐까 생각됩니다.

부처님을 뵙는 자

　　우리가 하는 크고 작은 모든 일상적인 일들을 불사라고 하고, 어느 장소 어느 때를 가리지 아니하고 부처님께서 머무르고 계신다고 합니다. 부처님께서 언제 우리의 집을 방문하실지 알 수가 없습니다. 또 부처님께서 언제 어느 장소에서 우리와 만날지 알 수가 없습니다. 아마 많이 궁금하실 것입니다.
　우리가 알 수 없는 부처님의 세계를 오늘 이 자리를 빌어서 여러분과 함께 생각해 보고자 합니다. 우리 다 함께 '부처님은 언제 뵐 수 있을까?' 하고 기다립니다. 어떤 사람은 기도를 해서 몽중가피를 입고 친견을 하기도 한다는데, 나는 어떻게 해야 부처님을 뵐 수 있을까. 하긴 옛날 어떤 스님께서는 문수보살을 친견하시고 밥 푸는 주걱을 가지고 문수보살을 쫓아 버렸다고도 합니다.
　부처님께서 저희 말세 중생을 위해서 유교경이라는 경전에서 이렇게 말씀하고 계십니다.
　"너희 수행자들아, 슬퍼하고 괴로워하지 말라. 만약 내가 이 세상에 한 겁을 머물러 있더라도 만남이 있으면 반드시 헤어지는 것이니라. 이 세상에 만나서 헤어지지 않는 것은 없느니라. 자기를 이롭게 하고 남을 이롭게 하는 법을 모두 설해 놓았으니 내가 오래 머물러 없어지지 않느니라. 세상은 무상하고 만나면 반드시 헤어짐이 있는 것이니 근심걱정하지 말라. 세상 모습 이와 같나니 부지런히 노력하여 하루 빨리 해탈을 얻도록 하라. 지혜의 빛으로 어리석음의 어두움을 없애도록 하라."

　부처님을 뵙고자 하는 사람들, 세상 모든 사람들이 한결같이 정진기도해서 부처를 깨닫고 자신이 부처임을 깨달아야 하는 이런 시대에서 과연 우리들은 부처님의 말씀을 어떻게 생활 속에 응용할 것인가? 부처님의 마지막 유교경의 말씀을 통해서 우리는 깊이 느끼고 실천해야 될 것입니다.

　　　　여래의 법신을 만날 수 있는 사람, 그는 누구인가? 바로 열심히 정진하고 게으르지 않는 자, 그를 일러서 우리는 '부처님을 친견한 자'라 할 수 있습니다.

물처럼 바람처럼

무엇을 생각하면서 사는 것이 가장 올바른 삶일까요?
많은 사람들은 일 년의 시작은 그 해의 첫 달을 어떻게 잘 보내느냐에 있다고들 하고, 한 달의 시작은 그 달의 초하루에 있다고들 합니다. 또 하루의 시작은 아침을 어떻게 열어 가느냐에 있다고 합니다. 과연 그런 것일까요?
생각하기 따라서는 사람마다 많은 차이가 있겠습니다만, 옛 속담에도 있듯이 시작은 이미 반이라고도 합니다. 옛 사람들은 크게 될 놈은 떡잎부터 그 모양이 다르다고들 하지요. 부처님께서도 태어나자마자 그 모습과 행동이 범인의 그것과는 많은 차이가 있었다고 합니다.
그런데 정작 부처님의 깨달음의 내용을 살펴보면 "일체 중생은 실유불성이라." 하여 모든 생명은 모두가 부처님과 똑같은 불성이 있다고 아주 못을 박고 있습니다. 또 의상조사 법성게에 보면, 처음 마음을 낸 것이 곧 깨달음의 세계를 열어간다고 합니다. 결국 오늘 하루 착하고 진실하게 살겠다는 마음이 행복의 거름이 되고 양식이 되는 것입니다.
우리가 살아가고자 하는 삶의 목표는 자유롭고 넉넉하며 복된 생활을 누리고자 하는 데 있을 것입니다.

과연 어떻게 살아야 처음과 같이 마지막을 아름답게 장식할 수 있을까요? 수행자의 길을 가는 승려나 생활의 길을 가는 여러분들이나 모습은 다르게 보일지 모르겠으나 큰 차이가 없을 것으로 생각합니다. 고려말 나옹 혜근선사의 노래 말씀을 여러분과 함께 생각해 보고자 합니다.

"청산은 나를 두고 말없이 살라 하고, 창공은 나를 두고 티없이 살라 하네.

탐욕도 벗어놓고 성냄도 내려놓고, 물처럼 바람처럼 살다가 가라 하네."

사람마다 삶의 모습이나 생각이 다를지 모르겠습니다만 옛 선사의 말씀을 생각해 보면서 오늘 하루도 즐겁고 밝은 삶 되기를 발원합니다.

지혜로운 삶

고구려 시대 평강 공주의 남편, 바보 온달에 대해 생각해 봅니다. 온달, 우리말로 풀이하면 보름달, 만달, 이렇게 이야기할 수 있습니다.

세상 사람들은 꽉 찬 것을 모두가 선호하고 있습니다. 그런데 어쩌면 요즘은 바보가 더 행복한 시대라고 할 수 있겠습니다. 또 어떤 이들은 '아는 것이 힘이다.' 라고 하지만 때에 따라서는 아는 것이 고통일 수도 있습니다.

재물 많은 것이 행복한 것인 줄로 생각하는 사람도 있을지 모르겠습니다만 이 엄동설한에 북풍한설의 추위에 철창 안에 갇혀 형을 살아야 하고, 고위공직을 지낸 벼슬한 명예꾼들이 수갑차고 구치소 가고 단죄를 받아야 하는 모습, 이러한 세태를 보면 수행자의 길이 얼마나 좋은지 모르겠습니다. 아마 여러분들도 부처님의 제자로 살고 생활하는 것이 기쁘고 행복하다는 생각을 하고 또 그렇게 느끼고 있을 것입니다.

부처님께서 잡보장경에서 이렇게 말씀하고 계십니다.

"유리하다고 교만하지 말고, 불리하다고 비굴하지 말라.

무엇을 들었다고 쉽게 행동하지 말고, 그것이 사실인지 깊이 생각하여 이치가 명확할 때 과감히 행동하라.
 벙어리처럼 침묵하고 임금처럼 말하며, 눈처럼 냉정하고 불처럼 뜨거워라.
 태산같이 자부심을 갖고, 누운 풀처럼 자기를 낮추어라.
 역경을 참아 이겨내고 형편이 잘 풀릴 때를 조심하라.
 재물을 오물처럼 볼 줄도 알고, 터지는 분노를 잘 다스려라.
 때로는 마음껏 풍류를 즐기고, 사슴처럼 두려워할 줄도 알고, 호랑이처럼 무섭고 사나워라.
 이것이 지혜로운 사람의 삶이니라."
 어떻습니까? 바보 온달이 어떠한 분이었습니까? 시골에서 나무하고 밥하면서 그저 이름 없이 살던 한 사람이 나라의 어려움을 구하는 데 기꺼이 한 몫이 되었습니다. 자신을 바쳐 나라를 구하려는 그 마음이 결국 참다운 명예고 재물이 아닐까요?

모래가 밥이 될 수 없다

　　법구 비유경에 이러한 얘기가 나옵니다.
　옛날 어떤 사람이 날 것으로 된 깨만 먹다가 우연히 볶은 깨를 얻어먹게 되었습니다. 어찌나 그 맛이 고소하고 좋았는지 그는 아예 깨를 볶아서 밭에 심으면 다음에 맛있는 깨를 먹을 수 있다고 믿고는 깨를 볶아서 밭에 뿌려 두었습니다. 그러나 아무리 기다려 보아도 깨는 움조차 트지 아니했습니다.
　이것은 모래를 쪄서 밥을 짓고자 하는 어리석음과 같다고 할 수가 있겠습니다. 어리석은 짓을 아니한다고 하면서도 사람들은 종종 이와 같은 어리석음을 범하고 있습니다. 우리 옛 속담에 '절 모르고 시주한다' 는 얘기도 어쩌면 이와 비슷하다고도 할 수 있겠습니다.
　부처님의 세계를 어찌 범부 중생들이 책 몇 줄 보았다고 알 수 있겠습니까? 그러나 화엄경의 가르침에 첫째는 믿음이 서야 하고, 둘째는 알아야 한다고 했으니, 신앙인이 되었다면 갈 길을 잘 알아서 가야만 목적지에 도달할 수가 있을 것입니다.
　볶은 깨를 심으려 하고 모래를 쪄서 밥을 지으려는 어리석음을 범하지 않고, 삶의 가치를 구현하고 보람되고 복덕스러운 인생을 살아갈 수 있는 지혜를 갖추기 위해 노력해 봅시다.

당신은 아름답습니다

　　　남을 전혀 생각지 않고 말을 함부로 하는 사람을 보게 됩니다. 입에서 나오는대로 지껄이며 잘난 체하는 말들, 또 책임도 질 줄 모르는 말을 쏟아냅니다. 평범하게 사는 사람보다는 한 나라의 국정을 책임지고 있는 사람들이 말을 함부로 한다면 그 죄업은 참으로 크다고 하겠습니다.

　상대를 험담하기보다 누구를 만나더라도 '멋스럽게 보입니다', '참 아름다워 보입니다' 라는 말을 상대에게 던질 때 서로가 서로를 신뢰하게 되고 좋은 관계를 이어갈 수 있을 것입니다. 말을 잘못해서 남도 망하게 하고 자신도 망하게 할 수 있습니다. 우리의 속담에도 '말 한 마디가 천냥 빚을 갚는다' 고 했습니다.

　법구경에서도 '말의 법도를 지켜 말을 조심하라', '안될 말을 버려야 한다', '할 말만 하라' 고 하셨습니다. 아무 생각 없이 지껄인 말이 듣는 사람에 따라서는 칼날처럼 꽂히게 될 때도 있습니다. 말이라는 것만큼 무섭고 또 아름다운 것도 없을 것입니다. 혓바닥을 잠깐 방심으로 놀렸다가는 남을 슬프게 만들고 기분을 상하게 만드는 것은 물론 때에 따라서는 상대를 죽음의 늪으로 몰아넣을 수도 있습니다.

나쁜 말한 죄, 거짓말한 죄, 이간질한 죄, 발림말한 죄, 오늘 참회합니다. 말이 아름다울 수 있는 사회, 여래의 침묵만큼이나 훌륭한 세상이 될 것입니다.

절은 병원이다

약사여래 부처님을 다른 말로 대의왕이라 합니다. 모든 중생들의 병을 다 낫게 해 주는 분이란 뜻이지요. 병들어 고통받는 사람들은 약사여래 부처님께 병을 낫게 해 달라고 기도를 하기도 합니다.

사람이 한평생을 살아가면서 가장 무서운 것 중의 하나가 아무래도 질병의 고통일 것입니다. 태어남도 늙음도 질병도 죽음도 인간으로 태어나 피할 수 없는 고통입니다. 특히 요즘처럼 서양의술을 의지하고 있는 사람들은 하루가 멀다하고 병원 출입을 하고 약방을 찾습니다.

그런데 진정 부처님을 믿는 우리들은 부처님이 의사인 줄도 모르고 또 그 도량이 병원인 줄도 모르는 사람이 많습니다.

경전은 우리들 마음의 병을 진단하고 처방을 주는 처방전이라 할 수 있겠습니다. 스님네들이 부처님을 대신하여 의사가 되고 때에 따라서는 간호사가 되어서, 또 어떤 때는 간병인이 되어서 환자의 병을 낫게 하는 분임을 아는 사람은 많지 않을 것입니다.

부처님께서 수발장자가 병들어 있을 때 사리불과 아난존자의 시봉을 받으면서 수발장자를 문병하게 되었습니다. 그 때 부처님께서 물으셨습니다.

"병은 좀 나았는가? 고통은 심하지 않은가?"

"갈수록 심한 것 같습니다."

"장자여, 부처님을 생각하라. 그 분은 천상과 인간의 스승이다. 또 법을 생각하라. 법을 공경해야 하고 받들어 모셔야 한다. 또 성자를 생각하라. 스님들은 훌륭한 복이 되느니라. 장자여, 삼보를 생각하면 그 공덕이 한량이 없고 앞으로 세상에 태어나지 않는다."

삼보를 믿는 신심으로 병마를 극복하고 또 고통 속에서 벗어나는 참다운 삶의 길을 갑시다.

세상만사

하루하루 살아가는 우리의 생활 속에서 보람과 삶의 기쁨을 누리고 살고 있는 사람이 얼마나 될까요? 생각하기에 따라서 행복이라고 할 수 있는 것 같기도 하고, 때로는 너무나 보잘것 없는 삶이라는 생각도 듭니다. 또 우리의 삶이 너무나 아찔하기도 합니다.

이러한 모든 번뇌의 뜨락은 자신을 놓치고 살기 때문이라고 말할 수 있겠습니다. 늘 우리가 괴로움의 바다 속에 허우적거리고 사는 것은 상대를 너무 의식하기 때문이라고 볼 수 있겠습니다. 즉 주체적인 삶이 되지 못하고 주위의 시선, 체면이라는 덫에 스스로 걸려 있기 때문이지요.

가만히 한번 자신의 삶의 모양새를 살펴보세요. 나는 체면에 걸려있지 않은지, 때에 따라서는 도덕률이 되기도 합니다만 결국 체면에 너무 집착하는 것은 자신을 망하게 하고 이웃을 망하게 하는 무서운 독이라는 것을 깨달아야 합니다.

저 신라국의 부설거사는 자신의 살림살이를 이렇게 노래하고 있습니다.

"이런 대로 저런 대로 되어 가는 대로, 바람 부는 대로 물결치는 대로, 죽이면 죽, 밥이면 밥, 이런 대로 살고, 옳으면 옳고 그르면 그르고, 손님 접대는 집안 형편대로, 시장물건 사고 파는 것은 시세대로, 세상만사 내 마음대로 되지 않아도, 그렇고 그런 세상 그런 대로 살아가리라."

참으로 부러운 삶이 아닙니까. 우리는 늘 세상에 순응해 살기보다는 세상에 역행해서 살려고 합니다. 살아있는 물고기가 역류하여 가기도 합니다만, 흐르는 물결 따라 흘러가는 물고기는 더 넓은 세상의 주인이 될 것입니다. 저 넓은 큰 바다, 참으로 그 바다 속의 주인이 될 때 그 물고기는 경계가 없는 넓은 세상의 대자유인이 될 것입니다.

어둡고 긴 터널을 지나 저 넓은 세상의 주인으로 사는 길을 우리 함께 생각해 봅시다. 부설거사님 얘기처럼 세상만사 내 마음대로 되지 않아도, 그렇고 그런 세상 그런대로 살아갑시다.

아상이 있으면 여래를 볼 수 없다

　　　　불교를 신앙하는 불자라면 불보살님을 친견하기를 간절히 염원하고 있을 것입니다. 한국 불교의 기초를 다지고 그 뿌리를 만드신 자장율사께서 강원도 태백산 정암사에 머물면서 오직 문수보살님 친견하기를 원 세우고 계셨습니다.

　하루는 한 늙은 거지가 다 해진 누더기를 입고 칡으로 만든 삼태기에 죽은 강아지를 담아 와서는 대뜸 시자에게

"자장을 보러왔네, 자장이 있는가?"

"스님을 모셔온 이후로 어느 누구도 스님의 이름을 함부로 부르는 사람이 없었는데, 도대체 당신은 누구시길래 이렇게 예의에 벗어난 말을 합니까?"

그 때 이 늙은 거지는

"들어가서 스승에게 이르기나 하게."

시자가 들어가서 자장스님께 말씀드리니

"아마 미친 사람일 것이다."

시자가 나와서 내쫓으려 했으나 이미 그 늙은 거지는 자장스님의 방문 앞에 이르러서 자장스님의 얘기를 다 듣게 됩니다. 거지는 길게 탄식하면서

"돌아가리라, 돌아가리라. 아상이 있는 사람이 어찌 문수를 친견할 수 있겠는가."

거지는 죽은 개가 변한 사자를 타고 눈부신 빛살을 뿌리며 하늘로 사라져 갔습니다.

삼국유사에 나오는 얘기입니다만 '나'라는 상이 있는 사람은 한번 생각해 보십시오. 우리가 고통 세상에 사는 원인은 그 아상이라는 상 때문입니다. 어떤 모습의 상이 나를 장애하는지 살피고 살펴볼 일입니다.

우리가 진정 어떤 마음으로 불보살님을 친견할 것인가? 불보살님의 친견은 결국 자신의 마음속에 있다는 것을 생각해 봅니다.

남과 여의 조화

한 모금의 물을 소가 마시면 만 생명을 살리는 우유가 되고, 또 독사가 마시면 만 생명을 죽이는 독이 되기도 합니다.

사람에게 있어서 남과 여의 성이란 조화의 아름다움으로 피어날 때는 만 인류를 구원하는 생명의 빛이 되기도 하지만, 성적 쾌락의 도구로 떨어졌을 때에는 만 인류를 패망의 늪으로 몰아넣기도 합니다. 자신이 망하는 것은 말할 것도 없고 많은 사람들이 그 피해를 입게 되어 있습니다.

부처님께서는 남녀의 불건전한 성으로 인한 죄업을 이렇게 말씀하고 계십니다.

"제 남편과 아내를 위태롭게 하고, 부부가 불화해서 늘 싸우는 일이 생기게 되고, 갖가지 악이 늘어나고 착한 일이 줄어들며, 자기 자신의 몸을 지키지 못해서 처자를 고아 또는 과부가 되게 한다.

재산은 줄어들고 갖가지 나쁜 일이 늘어나며 남을 의심하게 된다.

친척과 친구가 멀어지고 원망을 사게 되고 업연이 점차적으로 늘어난다.

죽어서는 지옥에 떨어지며 다음 생에 사람으로 태어난다 하더라도 여자는 한 남편을 섬기지 못하고 남자는 아내가 다른 남자와 놀아난다."

어려운 시대일수록 남녀의 윤리가 파괴되지 아니하고 참 관계를 유지하는 데서 우리의 삶이 복전으로 가꾸어질 것입니다.

인생의 가치는 성적 쾌락에 있지 아니하고
인생의 가치는 재물에 있지 아니하고
인생의 가치는 명예에 있지 아니하고
인생의 가치는 먹고 입는 데 있지 아니하고
인생의 가치는 잠자고 풍류를 즐기는 데에 있지 아니하고
다만 참고 기다리면서 사람의 향기를 머금는 데 있다.